AF221388

Wolf D. Hartmann
Walter Stock
Run Wang

CORONA-KRISENMANAGEMENT

Globale Erfahrungen des Pandemiemanagements mit Bestpraktiken und Corona-Glossar

Wolf D. Hartmann
Walter Stock
Run Wang

CORONA-KRISENMANAGEMENT

Globale Erfahrungen des Pandemiemanagements
mit Bestpraktiken und Corona-Glossar

Deutsche Nationalbibliothek – Bibliographische
Information
Die Deutsche Nationalbibliothek verzeichnet diese
Publikation in der Deutschen Nationalbibliographie;
detaillierte bibliographische Daten sind im Internet über
http://d-nb.de abrufbar.
CIP-Einheitsaufnahme:
Hartmann, Wolf D., Walter Stock und Run Wang:
Corona-Krisenmanagement. Globale Erfahrungen des
Pandemiemanagements mit Bestpraktiken und Corona-
Glossar.
©2020
Herstellung und Verlag: BoD – Books on Demand,
Norderstedt. 2020.
ISBN: 978-3-7519-2213-5
Gesamtproduktion:
Printed in Germany
Auflage: Mai 2020.

Inhalt

Vorwort

Bis vor kurzem werden die meisten Leserinnen und Leser noch nie etwas von der chinesischen Stadt Wuhan gehört haben. Im Januar 2020 erlangte die Metropole der mittelchinesischen Provinz Hubei dann traurige Berühmtheit durch den Ausbruch der inzwischen als COVID-19 weltweit gefürchteten Pandemie.

Unser Co-Autor Run Wang arbeitet an der dortigen Hubei Universität als Professor im Umweltbereich. Seine Erkenntnisse aus dem Management der Pandemiekrise vom Herd ihres Ausbruchs bestimmen unseren Blickwinkel auf den Vergleich des weltweiten Vorgehens in der Weltkrise entscheidend mit.

Unsere eigenen Erfahrungen aus langjährigen vergleichenden Studien zum Management reichen von Asien über Russland bis Amerika und schließen Hintergründe aus finanzpolitischer Sicht bis zu Vergleichen der Wettbewerbsfähigkeit der Wirtschaftssysteme ein.

Die Dynamik der globalen Corona-Krise veranlasste uns zu einer neuen Form der Publikation unter der Hauptüberschrift Corona Krisenmanagement oder „Management im Pandemismus." Mit dem neuen Begriff „Pandemismus" wollen wir zeigen, dass Pandemien noch größere Veränderungen über Weltwirtschaftskrisen auslösen können als

Finanzkrisen in Marktwirtschaften. Zugleich offenbart die gegenwärtige Krise, dass die Gesundheit der Menschen nicht allein marktwirtschaftlichen Kriterien unterliegen kann.

Wir gehen sogar soweit, dass die Auswirkungen der jüngsten Pandemie zu sehr gravierenden Veränderungen in allen Managementbereichen mit sehr weitreichenden Folgen führen werden.

Im vorliegenden Text steht das Benchmarking des Krisenmanagements beim Kampf gegen die Covid-19 Pandemie in den wichtigsten Weltwirtschaftszonen im Mittelpunkt, ohne die jeweils aktuellen Fallzahlen oder Letalitätsraten tagesaktuell vergleichen zu wollen.

Einleitend wird ein kurzer historischer Rückblick gegeben, der bewusst auf das 21. Jahrhundert und den Pandemieausbruch in Wuhan beschränkt wird. Der Blick zurück beweist, dass schon weit vor dem weltweiten Ausbruch der Pandemie viele Fehler gemacht wurden, die sich nun oft bitter rächen.

Im zentralen zweiten Abschnitt geht es darum, sehr fokussiert zu zeigen, wie die Führungssysteme ihre Konnektivität in der Krisenlage unter Beweis stellen und welche Schlussfolgerungen daraus für die Zukunft des Managements im Pandemie-Zeitalter und für die Herausbildung ganz neuer Managementlehren abzuleiten sind.

Der dritte Teil umreißt die Ansätze zum Wiederhochfahren des gesamten gesellschaftlichen und vor allem wirtschaftlichen Lebens mit sehr kurz gefassten Tipps für Bestpraktiken im Corona-Management.

Die Begriffserläuterungen des Glossars sollen vor allem kompakt zusammenfassen, was überwiegend unter den häufig gebrauchten Termini der Corona zu verstehen ist.

Die Autoren   Berlin und Wuhan, im Frühjahr 2020

1. Zur Vorgeschichte der aktuellen Pandemie

Die SARS-Pandemie 2002/2003 als Vorwarnung

Vor knapp zwanzig Jahren trat erstmals weltweit eine schwere akute Atemwegserkrankung auf, die als SARS bezeichnet wurde. Der Begriff leitet sich vom Englischen *severe acute respiratory syndrome* (Schweres Akutes Respiratorisches Syndrom) ab. Die Krankheit wurde als SARS-Coronavirus rasch vor allem durch die weltweite Medienaufmerksamkeit, die sie erzeugte, bekannt.

Der Erstausbruch erfolgte in Südchina im High-Tech Zentrum Shenzhen schon im November 2002. Die Ansteckung wurde jedoch nicht so verfolgt, wie bei einer Epidemie anzustreben ist, sondern als neue Krankheit in China vor der WHO zunächst vertuscht. Erst als sich durch einen selbst infizierten chinesischen Arzt, der in der Boulevardpresse als „superspreader" bezeichnet wurde, in einem Hongkonger Hotel mehrere Ausländer infizierten, breitete sich die neue Atemwegskrankheit rasch weltweit aus.

Die Folgen der SARS-Pandemie 2003 waren weit geringer als die heute noch gar nicht voll absehbaren von Covid-19.

Besonders interessant ist jedoch, wie schnell nach dem relativ glimpflichen Verlauf von SARS in Deutschland die Forschungen zu dessen Ausbreitung und für einen Impfstoff eingestellt wurden. Rolf Hilgenfeld vom Deutschen Zentrum für Infektionsforschung an der Universität Lübeck beklagte im Deutschlandfunk Anfang April 2020, dass schon zwei Jahre nach SARS für die Fortsetzung der Forschungen keine Finanzierung mehr bereitgestellt wurde. Er hofft, dass sich das nunmehr angesichts der weit größeren Folgen von Covid-19 ändert.[1] Im Klartext bedeutet das, es wurde rund 15 Jahre zu wenig über die gefährlichen Viren geforscht und offenbar die damit verbundene Gefahr grob unterschätzt.

Wuhan: Reaktionen nach Infektionsbeginn im Dezember 2019

Obwohl die WHO Chinas Herangehen an das Eindämmen der noch unbekannten Corona Krankheit 2020 ausdrücklich lobte, gab es zweifellos im Dezember 2019 Fehleinschätzungen der Lage. Übereifrige örtliche Funktionäre versuchten, den Arzt Li Wenliang aus Wuhan davon abzuhalten, Alarm zu schlagen und schüchterten ihn sogar mit Drohungen ein, keine „Gerüchte" zu verbreiten oder Kollegen falsch zu informieren Es gehört zur Tragik des frühen Corona-Geschehens, dass der Arzt aus Wuhan an der Infektion verstarb, bevor ihn die Regierung rehabilitierte und postum ehrte.

Durch Probleme bei kompletten Schutzausrüstungen für alle Behandelnden und das Pflegepersonal, kam es naturgemäß zu weiteren Infizierungen und wurde Wuhan weltweit erstes Pandemiezentrum.

Über die Entstehungsquelle viel zu spekulieren, hilft nur wenig. Sicher sind die Markt- und Essgewohnheiten in allen Ländern sehr verschieden und gehören der Verkauf lebender Fledermäuse, Hunde oder Katzen nicht gerade zum europäischen Speiseplan. Asiatische Märkte unterscheiden sich in vielerlei Hinsicht von unseren Standards und es gibt erste Schlussfolgerungen und Verbote für solche traditionellen Praktiken. Wie die von US-Präsident entfachte Diskussion um den eventuell künstlich in Wuhan-Militärlabors entstandenen Virus ausgeht, kann hier final nicht beurteilt werden. Beide Seiten beschuldigen sich gegenseitig.

Was viele nach Ausbruch der Pandemie für unmöglich hielten, geschah dann tatsächlich in Wuhan. Es wurden strikte Maßnahmen zur Selbstisolation und Ausgehverbote ausgesprochen. Die 11-Millionen Metropole wurde vollständig vom Außenverkehr abgeschnitten und strenge Ausgangssperren durchgesetzt. Niemand konnte weder die Stadt verlassen noch in sie hinein, bis auf wenige Ausnahmen, etwa zur Evakuierung von Ausländern.

Weltweit viel Beachtung fand ein zentral angeordnetes Bauvorhaben. In weniger als 14 Tagen sollte der Neubau eines Krankenhauses für 1000 Corona-Patienten auf Beschluss der KP Chinas und des Präsidenten Xi Jinping buchstäblich aus dem Boden gestampft werden.

Angesichts deutscher Planungsvorschriften, die in diesem Zeitraum nicht einmal einen Baubeginn, geschweige eine Vollzugsmeldung ermöglicht hätten, wirft das Fragen der Wettbewerbsfähigkeit im Pandemiezeitalter auf, denen lieber ausgewichen wird oder die mit vereinfachten Hinweisen auf diktatorische Maßnahmen abgetan werden.

Die folgenden Bilder stammen aus Wuhan von der Grundsteinlegung des neuen Huoshenshan Hospitals bis zum Betrieb.

Abb. 1

Abb. 2

Abb. 3

Abb. 4

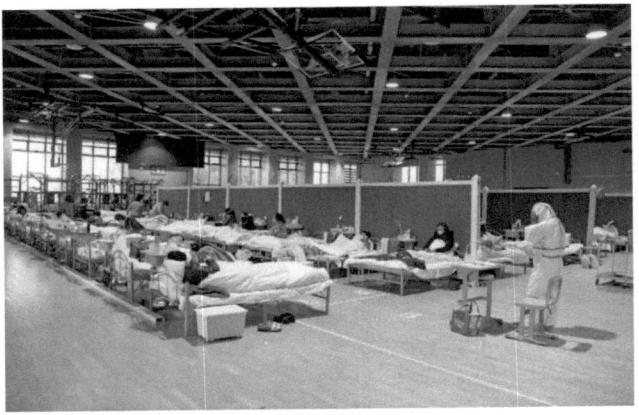

Abb.5

Abb. 1-5: Huoshenshan Hospital aus Wuhan, Provinz Hubei, China, Foto: Run Wang

China-Bashing im Westen statt weltweitem Alarm

Zu den bei uns besonders diskutierten zentral angeordneten Maßnahmen gehörte das schnelle komplette Eingrenzen der Bewegungsfreiheit in Wuhan und die Abriegelung von der Außenwelt. Obwohl anhand der exponentiell gestiegenen Fallzahlen aus Wuhan und sehr großer Offenheit der chinesischen Behörden klar wurde, dass es sich um einen gefährlichen neuen Typ der Lungenkrankheit SARS handelte, reagierte die westliche Öffentlichkeit weltweit vor allem gewohnt politisch und ideologisch voreingenommen. In gewohnter Weise wurde zunächst auf die notwendige Einhaltung der Menschenrechte nach Verhängen der Ausgangssperre verwiesen. Mitte Januar dominierte in deutschen Medien ein Berichtston, der vor allem auf Kritik an der Führung der KP und des Staates hinauslief. Als Ministerpräsident Li Keqiang mit Mundschutz in Wuhan gefilmt wurde und aufmunternde Gesten zeigte, gab es eher verwunderte Kommentare seitens des ARD-Korrespondenten vor Ort in der Tagesschau. Auf wachsende Bürgerwut wurde hingewiesen und ein Ansehensverlust der chinesischen KP vorausgesagt.[2] Negative Nachrichten aus sozialen Netzen erfahren regelmäßig hohe Aufmerksamkeit und selbst der von Millionen Chinesen verfolgte

Aufbau des Krankenhauses in Rekordzeit wurde qualitativ wie zeitmäßig in Frage gestellt.

Inzwischen weiß jeder in Deutschland, ganz Europa und auch den USA, dass zeitlich verzögert fast alle mit einem zweifelnden Unterton kommentierten Maßnahmen der Chinesen offenbar Erfolg brachten. Noch interessanter ist, dass mit etwa vier bis sechs Wochen Verzögerung, fast alle Maßnahmen inzwischen bei uns selbst durchgesetzt wurden, was im Januar noch kaum einer für möglich hielt, auch wenn meist Restzweifel an den chinesischen Statistiken bewusst eingestreut bleiben. Das bezieht sich besonders auch auf das Tragen von Mund- und Nasenschutz, dem man bei Reisen in Asien ohnehin viel öfter begegnet als bei uns auch außerhalb von Pandemiezeiten.

Man kann davon ausgehen, dass die besonders schweren Verläufe und exponentiellen Anstiege der Fallzahlen weltweit hätten eingedämmt werden können, wenn Chinas Vorgehen einfach objektiver ausgewertet worden wäre und natürlich auch die Chinesen selbst schon im Dezember 2019 offener über den neuen Virustyp informiert hätten.

COVID-19 legt Deutschland lahm

Als eine der ersten Institutionen weltweit macht sich die Johns Hopkins University (JHU) aus North Baltimore in den USA mit ihren Berichten über die weltweiten Fallzahlen einen Namen.[3] Es ist erstaunlich, wieso eine in den USA agierende Universität stets andere und überwiegend höhere Fallzahlen zumindest für Deutschland meldet als das Robert-Koch-Institut (RKI) in Berlin als zentrale Einrichtung der Bundesregierung auf dem Gebiet der Krankheitsüberwachung und –prävention.[4]

Regelmäßig wird darauf verwiesen, dass beide Institutionen mit unterschiedlichen Quellen arbeiten, wobei die JHU offenbar mehr in sozialen Netzwerken auswertet als das RKI. Es soll hier darauf verzichtet werden, die unterschiedlichen Wertungen aller Regierenden bei Beginn der Pandemie weltweit zu kommentieren.

Fest steht generell, dass in allen Staaten die Ausbreitung unterschätzt wurde, ganz offenbar auch bei uns. Nach dem Auftreten des ersten nachgewiesenen Falles in Deutschland am 27. Januar 2020 schätzte das regierungsnahe RKI die Gefahr für Deutschland noch am 28. Februar als „gering bis mäßig" ein.[5] Mitte März d. J. änderte sich die Einschätzung. Die Gefahrenstufe wurde abrupt hochgesetzt.

Der Bundestag ermächtigte am 25. März das Bundesgesundheitsministerium zwei Tage später das *Gesetz zum Schutz der Bevölkerung bei einer epidemischen Lage von nationaler Tragweite* bundesweit und ohne Zustimmung des Bundesrates im eigentlich föderalen Gesundheitswesen in Kraft zu setzen. Das geschah prompt und mit sehr weitreichenden Konsequenzen für das gesamte gesellschaftliche und wirtschaftliche Leben. Der Tagesspiegel stellte dazu kritisch fest: „Und das alles erfolgt auf Grundlage einer Verordnungsermächtigung in Paragraph 32 des Infektionsschutzgesetzes, nach dem nun jeder noch so schwere Eingriff in Berufsfreiheit (Art. 12 GG) und Eigentum (Art. 14 GG) zulässig sein soll. Obwohl diese Grundrechte in Paragraph 32 IfSG gar nicht erwähnt werden. Diese Einzelnorm war und ist gewiss nicht als „Ermächtigungsgesetz" gedacht, das jede parlamentarische Kontrolle aushebeln kann."[6]

Späte Einstufung von Covid-19 als Pandemie durch die WHO

Als in China ganz Wuhan längst abgeriegelt war, erklärte die WHO die spätere COVID-19-Pandemie am 30. Januar 2020 noch als gesundheitliche Notlage internationaler Tragweite. Dann war von Epidemien in einzelnen Ländern die Rede und erst am 11. März erfolgte die generelle Höherstufung zur globalen Pandemie durch die WHO. Während bei einer Epidemie vermehrt unkontrolliert Krankheitsfälle zeitlich und regional begrenzt und in einzelnen Ländern auftreten, spricht man von einer Pandemie, wenn die

Krankheit sich über Länder und Kontinente hinweg ausbreitet.

Es ist bekannt, dass der WHO-Generaldirektor Tedros Adhanom Ghebreyesus lange Zeit vermied, von einer Pandemie zu sprechen, sondern von „Epidemien in einzelnen Ländern". Als die „Notlage von internationaler Tragweite" - die höchste Alarmstufe der WHO- ausgerufen wurde, hatte sich der Virus bereits unkontrolliert über alle Kontinente verteilt. Jetzt die WHO zu bezichtigen, die Krise schlecht gemanagt zu haben und zu chinafreundlich zu agieren, soll eher von eigenen Versäumnissen der jeweils Verantwortlichen ablenken.

Ein Praxistipp des Krisenmanagements lautet schon immer:

Keine Schuldzuweisungen, sondern Lösungen anstreben!

2. Benchmarking des Krisenmanagements

2.1 Chinas zentrale Managementstrategie

Chinas Management der Corona- Krise wurde zu Beginn des Jahres 2020 zunächst verspottet. Mit Abqualifizierungen, wie „Wuhan-Virus" oder auch „chinesischer Virus", sollte das Problem als chinesische Krankheit verstanden werden, wie schon einleitend beschrieben. Das konsequente, ja drastische Vorgehen der chinesischen Regierung gegen die Ausbreitung der damaligen Epidemie wurde vielfach als in westlichen Staaten unvorstellbar charakterisiert.

Unstrittig ist, dass gemäß dem Selbstverständnis der Volksrepublik China als ein Land mit zwei Systemen sowohl von der KP Chinas zentralgesteuerte als auch privatwirtschaftliche Aktivitäten Hand in Hand gehen. Im Fall des Covid-19 Virus hat die Zentralregierung unter Leitung des Präsidenten Xi Jinping und damit die KP Chinas jedoch das Heft des Handelns relativ schnell an sich genommen. Mit großer Strenge und unter persönlichen Opfern der Betroffenen an Lebensqualität und Wohlstand wurde der Kampf gegen die Seuche als eine nationale Aufgabe zentralstaatlich organisiert. Dabei steht außer Zweifel, dass es auch in China und vor allem in den unmittelbar betroffenen Regionen Unzufriedenheit und Kritik gegenüber den zentral verordneten Maßnahmen gab. Die zentral angeordneten Beschlüsse auf lokaler Ebene bis in jeden Stadtteil und in jedes Privatgeschäft umzusetzen, erforderte auch in der Provinz Hubei und speziell Wuhan einige Tage, zumal die beschlossenen Maßnahmen mit dem chinesischen Neujahrsfest 2020 kollidierten, zu dem normaler Weise Abermillionen Chinesen zu ihren Familien reisen. Das jeweils kalendermäßig unterschiedliche chinesische Neujahrsfest dauerte in diesem Jahr vom 25. Januar bis zum 8. Februar. Als die Reiseverbote für das ganze Land ausgesprochen und Wuhan abgeriegelt wurde, gab es natürlich viele Unzufriedene und persönlich stark Betroffene. Man darf über die Einschränkung der persönlichen Freiheiten und damit logisch verbundenen Unzufriedenheit vieler aber nicht die dahinterstehenden Prinzipien verkennen.

Das chinesische Führungsdenken stützt sich auf eine Reihe anderer Grundlagen als das westliche Management, ohne das hier ausführlich gegenüberstellen zu können. Zentrale historische Wurzeln liegen in folgenden Denkschulen:

- dem ganzheitlichen Herangehen aus der traditionellen chinesischen Medizin gegenüber den Symptombehandlungen des Westens
- den Lehren des großen chinesischen Philosophen Konfuzius (551-479 v.u.Z.), die über zweieinhalb Jahrtausende die chinesische Gesellschaft entscheidend prägten und auch heute noch bestimmen
- den 36 Strategemen aus historischer Kriegskunst, die schon in der Schule gelernt und in allen Lebensbereichen praktiziert werden
- den chinesischen Werten, bei denen das Gemeinwohl über dem Eigennutz und individueller Freiheit steht
- dem Streben nach gesamtgesellschaftlicher Harmonie und

Kooperation statt Konfrontation unter Führung der KP Chinas im Einparteienstaat

Krisenmanagement gehört für viele chinesische Unternehmen und medizinische Dienstleister zum Tagesgeschäft; daher sind auch viele Beschäftigte an oft für uns schwer vorstellbare operative Aktionen gewohnt und empfinden sie als normal.

Das sich gerade in einem starken Umbau befindliche Gesundheitssystem des Reiches der Mitte hat den Ansturm durch den Covid-19 Virus relativ gut gemeistert. Man muss wissen, dass es in China kaum Haus- oder Landärzte gibt seitdem die sogenannten „Barfußärzte" der traditionellen chinesischen Medizin stark zurückgegangen sind.

Es ist erstaunlich, dass sich sogar in alten historischen Darstellungen in China schon Graphiken mit Mundschutz finden, wie im unteren Bild gezeigt.

Abb. 6: Archiv Run Wang

Etwa 90 Prozent aller medizinischen Dienstleistungen werden heutzutage in China über staatlich geführte Krankenhäuser in einem mehrstufigen System abgewickelt. Ländliche Regionen verfügen dabei nur über einfache Kliniken, während größere und spezialisierte Häuser vor allem in den vielen Großstädten zu finden sind.[7]

Da die Patienten zumindest bisher bis zu 30 % der Behandlungskosten selbst übernehmen mussten, Medikamente sehr teuer sind und zur Mitfinanzierung der Kliniken dienen, gab und gibt es auch viele Konflikte zwischen medizinischem Personal, besonders den relativ schlecht bezahlten Ärzten und den Patienten. Sie führten oft zu aggressiven und angespannten Beziehungen zwischen unzufriedenen Patienten und Medizinern, die auch in deutschen medizinischen Zeitschriften diskutiert wurden.

Im Rahmen der Modernisierungsanstrengungen des zentralen Programms *Healthy China 2030* hat Präsident Xi Jinping die Gesundheit der Bevölkerung verstärkt in den Mittelpunkt des Regierungshandelns gerückt. Im Rahmen der größten Nationalen Gesundheitskonferenz 2016 in Shanghai seit über 20 Jahre wurde beschlossen, Gesundheit in alle strategischen Überlegungen des Regierungshandelns einzubeziehen.[8] Hierzu wurde das Aufstocken des Gesundheitsbudgets im Staatshaushalt beschlossen und durch die Partei- und Staatsführung erklärt, dass die

Volksgesundheit von zentraler Bedeutung für die wirtschaftliche und soziale Stabilität im Land ist.

Goal				
Put health on the priority list of development to a strategic position; promote the concept of health in the whole process of public policy implementation;enable everyone to be involved health and everyone to share health care services;focus on the health of all the people all their life in China.				
Principles				
Health Priority	Reform and Innovation	Scientific Development		Justice and Equity
HC 2030: China's vision for health care				
1. Health Level	2. Healthy life	3. Health Services and Health Security	4. Environmental Health	5. Health Industry
The 13 Core Indicators				
A. The average life expectancy B. The mortality rate of infants C. The mortality rate of children below 5 years of age D. The mortality rate of pregnant women and mortality E. The proportion of those meeting the national physique determination standard among urban and rural residents	A. The level of health literacy among residents B. The number of people taking part in physical exercise	A. Premature mortality as a result of major non-communicable diseases B. The number of registered doctors per 1000 residents and registered nurses per 1000 residents C. The proportion of personal health spending in the total health expenses	A. Good air quality rate of all cities at prefecture level or above B. The rate of surface water quality better than III	A. The total investment scale of health services

Abb. 7: Ziel. Quelle: https://www.researchgate.net/figure/The-framework-of-the-Healthy-China-2030-vision_fig1_317128652/download vom 3.4.2020

Über diese zentrale strategische Ausrichtung hinaus ist bekannt, dass die WHO das stringente, ja kompromisslose und rigorose Vorgehen der chinesischen Führung zum Eindämmen der Corona-Pandemie ausdrücklich lobte. Wörtlich hieß es seitens der WHO: „Gesundheitsbeamte haben Chinas Reaktion auf die COVID-19-Epidemie gelobt. Diese habe der Welt ein Beispiel für die Bewältigung der Epidemie gegeben und Erfahrung und Anschauung zur Weiterentwicklung der Global Governance auf dem Gebiet der öffentlichen Gesundheit geboten, sagten Experten."[9]

Es ist bekannt, dass diese Würdigung vielen westlichen Offiziellen und den Medien nicht gefiel und daher vor allem die bitteren Einschnitte in das Leben der Betroffenen sowie Fotos von Kontrollposten und Sprühaktionen mit Desinfektionsmittel um die Welt gingen, wie das folgende Foto zeigt.

Abb. 8: Stringentes Vorgehen in China,, Foto Run Wang.

In relativ kurzer Zeit gelang es in China, die Zahl der Neuinfektionen radikal einzudämmen und feierte die KP-Führung mit Staatspräsident Xi den Sieg über das Virus. Es ist klar, dass hierbei Rückfälle durch eine erneute Welle nicht ausgeschlossen werden können, es ändert aber nichts am prinzipiell offenbar richtigen Vorgehen der Chinesen. Neutrale Stimmen aus der Schweiz betonen, dass das Zurückdrängen des Erregers unter anderem durch ein massives Personalaufgebot überhaupt erst möglich wurde. So seien 1800 Teams von Epidemiologen – jedes hatte mindestens fünf Mitglieder – im Einsatz gewesen und täglich suchten sie nach Zehntausenden Menschen, die Kontakt zu einem Infizierten gehabt hatten, um sie zu testen und zu beobachten.[10] Ein solches Verpflichten von Tausenden ist in westlichen Gesellschaften kaum vorstellbar.

Das berührt auch Grundfragen sozialökonomischer Systemvergleiche, die gerade im Falle Chinas nicht leicht zu beantworten sind, zumal gerade in der Corona-Krise der Ruf nach Staatshilfen überall lauter wird. Der SPIEGL stellte dazu passend im letzten März-Heft die Frage: „Die Regierung darf sich in großem Stil an gebeutelten Firmen beteiligen. Wird die Wirtschaft schleichend verstaatlicht?"[11]

Der Bundeswirtschaftsminister weicht aus, dass jetzt keine Zeit für ideologische Fragen sei, obwohl umgekehrt die Diskussion zu Chinas zentralgeleitetem System in der Regel in einer Diskussion zu Menschrechtsverstößen mündet, ohne die Erfolgsgeheimnisse Chinas lüften zu können.

Chinas Partei- und Staatsführung lässt sich von den ideologischen Seitenhieben nicht besonders beeindrucken, sondern verfolgt langfristige

Strategien der weltweiten Kooperation in einer multipolaren Welt, die nicht allein von den USA dominiert wird. Eine entscheidende Initiative Chinas zur weltweiten Entwicklung liegt in der Neuen Seidenstraße auf terrestrischem und maritimem Gebiet. Diese als Belt & Road Initiative[12] (BRI) seit 2015 breiter bekannt gewordene Strategie schließt nicht nur Transport- und Wirtschaftskorridore entlang der Routen der alten Seidenstraße ein, sondern auch die Zusammenarbeit auf vielen anderen Gebieten von der Bildung und Kulturentwicklung bis zum Gesundheitswesen. In den Veröffentlichungen zu den Visionen und Aktionen der BRI heißt es: „Wir sollten die Zusammenarbeit mit den Nachbarländern beim Austausch von Informationen über Epidemien, beim Austausch von Präventions- und Behandlungstechnologien und bei der Ausbildung von medizinischen Fachkräften verstärken und unsere Fähigkeit zur gemeinsamen Bewältigung von Notfällen im Bereich der öffentlichen Gesundheit verbessern. Wir werden den betroffenen Ländern medizinische Hilfe und Notfallhilfe leisten."[13] Seit 2017 wird intensiv an der Entwicklung einer „Seidenstraße der Gesundheit" gearbeitet. Seitens der WHO heißt es dazu: „Die Belt & Road-Initiative enthält die Grundlagen für eine universelle Gesundheitsversorgung: Infrastruktur, Zugang zu den Medikamenten, Humanressourcen und eine Plattform für den Erfahrungsaustausch und die

Förderung bewährter Verfahren. China kann uns in diesen Fragen viel lehren."[14]

Es versteht sich, dass die Lieferung von Tausenden Atemgeräten, Schutzmasken und Schutzausrüstungen aus China nach Rom entsprechend großes mediales Echo fand, [15] auch weil Europa schon zu Beginn der Krise versagte.

Das Vorgehen in China hat auch die modifiziert andere Vorgehensweise in Taiwan bestimmt. „Der kleine demokratische Inselstaat war besser als alle anderen vorbereitet, handelte und handelt effektiver als alle anderen, und das Leben geht relativ normal weiter dort. Die Bevölkerung ist mit den Maßnahmen der Regierung einverstanden, Panik blieb aus. All das könnte für die Bekämpfung der Epidemie andernorts hilfreich sein – und wahrscheinlich auch jetzt noch viele Leben retten.[16]

2.2 Modifiziertes Vorgehen anderer asiatischer Staaten

Gegenüber China haben andere asiatische Staaten wie Südkorea, Japan oder Singapur andere Strategien des Krisenmanagements verfolgt und insgesamt bessere Ergebnisse erzielt als Europa oder die USA

Südkorea

Besonders Südkorea gilt als Vorbild im Pandemie-Management. Wie in keinem anderen Land der Erde wurde schon im Februar 2020 die neuartige Lungenkrankheit durch das Virus Sars-CoV-2 sehr ernst genommen. Der Arzt Min Pokkee aus Daegu, Südost-Korea, entdeckte, dass sich die Ansteckung rasant unter Anhängern einer christlichen Religionssekte ausbreitete. Darauf wurde in einem kurzfristig einberufenen Krisenstab der Region beschlossen, sämtliche Mitglieder der Religionsgemeinschaft testen zu lassen, die in Kontakt mit einer der erkrankten Glaubensbrüder oder –schwestern standen. Das Unterfangen, zunächst rund 10 000 Religionsanhänger und dann landesweit 240 000 Personen zu testen, erschien vielen zunächst kaum umsetzbar, wurde aber konsequent angewendet, um möglichst frühzeitig alle Erkrankten zu erkennen und in speziell dafür vorbereiteten Zentren zu behandeln. Nicht nur das, sondern mit Hilfe des bei uns umstrittenen „Location-Tracking" über die Handydaten, wurden auch alle weiteren Kontaktpersonen der Betroffenen aufgespürt. Diese Nachverfolgungstechnik erfolgt über alle modernen Kommunikationsgeräte, besonders jedoch über Smartphones, die eine Ortsbestimmung über GPS, die Mobilfunksysteme oder das Internet erlauben. Damit können kontinuierlich alle Aufenthaltsorte und Nutzerbewegungen aufgezeichnet und kontrolliert werden. Durch die Bewegungsprofile lassen sich technisch leicht auch Kontakte der Benutzer nachvollziehen und natürlich Beziehungen zu Personen beweisen, die sonst dem privaten Bereich vorbehalten sind.

„Location Tracking ist eine Nachverfolgungstechnik, die detaillierte Informationen über den momentanen geografischen Ort von Personen, Waren, Behältern und Geräten zur Verfügung stellt und die Bewegung der Güter verfolgt. Es ist eine Positionsbestimmung, die Positionsänderungen erkennt und registriert."[17] Aber auch Daten von Kreditkarten und besonders der Smartphone-Nutzung wurden einbezogen.

In Südkorea entschied man sich für diesen digitalen Verfolgungsweg neben Regeln der sozialen Distanzierung sowie für das Tragen von Masken und freiwilliges „Daheimbleiben".

Dadurch gelang es, den landesweiten Pandemieausbruch zu verhindern und vor allem durch die Tests, Angesteckte sehr früh zu erkennen und in Quarantäne zu bringen. Beeindruckend war und ist die für südkoreanische Unternehmen typische Schnelligkeit und hohe Agilität. Schon vor Jahrzehnten beeindruckten südkoreanische Unternehmen auf ganz anderem Gebiet durch das Umsetzungstempo, mit dem einmal als notwendig Erkanntes, praktisch realisiert wird. Das muss man sich so vorstellen: noch während andere Unternehmer oder Beamte über Vor- und Nachteile einer Maßnahme diskutieren, beginnt in Südkorea unverzüglich die Arbeit, in diesem Fall am Diagnostiktest.

Die Zulassung des sicher nicht perfekten Verfahrens erfolgte in Südkorea laut Auskunft des KCDC (Korea Centers for Disease Control and Prevention)[18] nach einer Woche. In Europa ist es dagegen weder gemeinsam noch in einem einzelnen Land gelungen, die Testkapazitäten so hochzufahren, dass die Einschränkung der persönlichen Freiheiten radikal reduziert werden konnten. Die Südkoreaner haben den Eingriff in ihre Privatsphäre zugunsten der relativ uneingeschränkten persönlichen und familiären Bewegungsfreiheit hingenommen bei gleichzeitiger konsequenter Isolierung getesteter Infizierter.

Die aggressive und rigorose südkoreanische Vorgehensweise nach dem Muster von Daegu hat weltweit Beachtung gefunden, vor allem durch ihren Erfolg. Es ist bekannt, dass Präsident Donald Trump seinen südkoreanischen Amtskollegen Moon Jae um Unterstützung und Lieferung von Diagnostiktechnik sowie anderer Medizintechnik bitten musste. Auf die Lage in Nordkorea kann hier nicht weiter eingegangen werden, da es laut offiziellen Angaben dort keine Corona-Pandemie gibt.

Die massenhaften Tests erfolgten in Südkorea mobil und landesweit.

Abb. 8: Ambulante Teststation in Südkorea. –
Quelle:
https://www.wired.com/story/a-south-korean-covid-19-czar-has-some-advice-for-trump/Aufruf vom 7.4.
2020

DER SPIEGEL stellte Anfang April 2020 fest: „In Südkorea übersteigt die Zahl der Geheilten inzwischen die der Kranken. Doch die Entscheider fürchten eine neue Welle von Infektionen aus dem Ausland. Alle Einreisenden müssen daher für zwei Wochen in Quarantäne. Wer sie bricht, muss mit Strafen rechnen."[19]

Japan

In Japan entstand lange Zeit der Eindruck, als nehme man die Corona-Pandemie nicht so ernst bzw. habe keine rechte Strategie dagegen. Einreisen aus China wurden nur auf bestimmte Regionen begrenzt und nicht komplett unterbunden. Ausgangssperren gab es nicht und die Zahl der Infizierten hielt sich relativ gering.

International hing das zögerliche Vorgehen erstens mit dem langen Verschieben einer Absage der olympischen Sommerspiele in Tokio 2020 zusammen, die in Grunde genommen erst auf Druck der Athleten zu Stande kam und bereits erfolgten Boykotterklärung einzelner Länder. Besonders Ministerpräsident Shinzo Abe und auch der Präsident des Olympischen Komitees, Thomas Bach, taten sich schwer, eine Verschiebung auf 2021 zu verkünden. In Japan kam dann noch der Umgang mit den Corona-Erkrankten auf dem Luxus-Kreuzfahrtschiff „Princess Diamond" dazu. Hier wurden Crew und Besatzung nach Entdeckung eines Corona-Erkrankten in Yokohama in eine vierzehntägige Quarantäne versetzt. Über 3700 Gäste und Besatzungsmitglieder wurden in eine Art Isolationshaft genommen, jeder 5. steckte sich mit dem Virus an, sechs Passagiere verstarben. Die Festlegungen seitens des japanischen Krisenmanagements und an Bord wurden weltweit als desaströs verfolgt und bewiesen, dass es für einen solchen Fall keinerlei Vorgaben oder Krisenpläne gab. Der Tagesspiegel kritisierte: „Die Crew wusste bis zum letzten Tag nicht, in welcher Kabine ein infizierter Passager war und welche Kabinen ohne Risiko betreten werden konnten.

Eine systematische Testung der Passagiere auf Sars-CoV-2 fand nicht statt. Proben wurden nur von Personen genommen, die sich krank fühlten, und es dauerte Tage, bis das Testergebnis vorlag. Kranke Crew-Mitglieder wurden erst ab der zweiten Woche auf das Coronavirus untersucht, arbeiteten und schliefen aber weiterhin mit gesunden Kollegen in gemeinsamen Kabinen."[20] Es gab keine Bereichstrennungen für Gesunde und für Erkrankte und Experten bewerteten die Zustände an Bord als katastrophal.

Die Unterstützung von japanischer Seite durch Schutzmasken oder Schutzkleidung war sehr schlecht und Fachleute behaupteten, dass erst die Quarantäne auf so engem Raum zu der massiven Verbreitung des Virus beigetragen hat. Die Evakuierung der Passagiere erfolgte viel zu spät und es gab keinen Plan, wie man nach der Aufhebung der Isolation am sichersten verfahren sollte. Offenbar beschleunigte sich die Virusausbreitung durch die zentrale Belüftungsanlage des Schiffes noch und durch viele fehlenden oder unzureichenden Hygienemaßnahmen. Auf diese Weise wurde das japanische Krisenmanagement von Anfang an mit dem Versagen auf dem Kreuzfahrtschiff in Verbindung gebracht, auch weil es danach natürlich zu gegenseitigen Schuldzuweisungen seitens der Reederei und der japanischen Verantwortlichen kam.

Abb.9: Symbol für das Versagen japanischen Corona-Krisenmanagements, das Festsetzen des Kreuzfahrtschiffes Princess Diamond, Quelle: Tagesspiegel vom 25.03.2020

Dem japanischen Ministerpräsidenten wurden schlechtes Management und persönliches Desinteresse vorgeworfen. Krisensitzungen verließ er nach Presseberichten oft schon nach wenigen Minuten und verhängte dann überraschende Maßnahmen wie die einmonatigen Schulschließungen viel zu spät. Erst im April wurde dann der Ausnahmezustand erklärt.

„Angesichts rapide steigender Infektionszahlen in Japan war der Druck auf Abe zuletzt massiv gestiegen, mehr gegen die Ausbreitung des Coronavirus zu unternehmen. Die Gouverneurin der Präfektur Tokio, Yuriko Koike, begrüßte die Verhängung des Ausnahmezustands. Es gebe nun die Möglichkeit, bei der Durchsetzung von Maßnahmen mit der Zentralregierung zusammenzuarbeiten. Sie erwarte, dass es gelinge, die Bevölkerung nachhaltig von zu engen Sozialkontakten abzuhalten."[21]

Historisch wird das lange Zögern bei der Erklärung des Notstandes durch die Regierung mit dem Missbrauch dieses Instruments in der Zeit des japanischen Faschismus in Verbindung gebracht. Die Japaner reagieren äußerst allergisch auf Beschränkungen ihrer bürgerlichen Freiheiten. Das inzwischen auch in Japan verabschiedete Notfallpaket umfasst umgerechnet fas 920 Mrd. Euro zur Stützung der japanischen Wirtschaft und des Staatshaushaltes.[22]

Der zunächst laxe oder liberale Umgang mit der Pandemie in Japan hat sich nicht bewährt. Internationale Unternehmen in Japan befürchten, dass die unzureichenden Maßnahmen und Apelle zu sozialer Distanz zu wenig bewirken und das Fehlen einer zentral koordinierten, politischen Führung des Kampfes gegen die Pandemie ihr verstecktes Ausbreiten fördert.

Singapur

Der autoritäre High-Tech Stadtstaat Singapur ist schon immer bekannt für seine stringenten Hygienevorschriften auf den Straßen und in den Wohnungen sowie Hotels. Es gibt mittelalterlich anmutende Strafen für Fehlverhalten, wie Spucken in der Öffentlichkeit oder heimliches unerlaubtes Urinieren, etwa in Fahrstühlen. (1000 Dollar Strafe und Sensoren verschließen automatisch die Tür bis zum Eintreffen der Polizei).[23]

Entsprechend gelobt wurde zunächst das Krisenmanagement im Corona-Fall, angefangen von den zentralen Appellen zum freiwilligen Mitwirken bis Straßendesinfektionen, dem permanenten Piepen von Fiebermessgeräten bis zum Maskentragen. Es gab verhältnismäßig wenig Fälle und die Infizierten wurden rasch getestet, isoliert und Kontaktpersonen aufgespürt.

Entscheidendes Hilfsmittel war und ist bis heute das „Contact-Tracing-Management", das nach der SARS-Epidemie in Singapur entwickelt wurde. Apple und Google wollen diese Umgebungsuntersuchung mittels moderner Software zum Kontaktkontrollieren bald weltweit standardisiert zum Einsatz bringen. Das ruft auch Bedenken hervor: „Google und Apple arbeiten gemeinsam an Contact-Tracing-Software. Die Kooperation könnte bald auf den meisten Smartphones auf der Welt Apps verfügbar machen, die ihre Nutzer informieren, ob sie sich in der Nähe von möglichen Corona-Infizierten aufgehalten haben. Die außergewöhnliche Zusammenarbeit der zwei Technologiekonzerne schafft einen globalen Standard für ...Contact Tracing, der Schritt weckt jedoch Sorgen vor dem möglichen Missbrauch der Technologie."[24] In Singapur besteht dergleichen Misstrauen nicht. Die Bevölkerung vertraut der Regierung des autoritären Staats in hohem Maße.

Alle Infizierten wurden schnell entdeckt, die Kontaktpersonen in Quarantäne versetzt und die

Menschen befolgen freiwillig die Hygieneregeln. Das Tragen von Masken dient als Zeichen dafür, andere nicht infizieren zu wollen und ist sozial weit akzeptiert und verbreitet.

Kopfzerbrechen bereitet den Offiziellen in Singapur, dass es möglicherweise zu einer zweiten Corona-Welle kommen könnte, weil ein Fall in einer der Billigunterkünfte für Gastarbeiter große Sorgen bereitet. Hier hausen Gastarbeiter mit Billiglöhnen teilweise mit bis zu 18 Personen in Stockbetten in einem Zimmer. Als es durch einen Arbeiter aus Bangladesch zu einer unerwartet schnellen Ausbreitung in einem Dormitory kam, verlief die Diffusion unkontrolliert und war mit den modernen Technologien nicht einzugrenzen.[25] Das zwang auch in Singapur zu strikteren Maßnahmen und Kontaktverboten wie in Europa.

Dennoch gehört das Pandemie-Management in Singapur bisher zu den erfolgreichsten der Welt.

2.3 Europas Krisenmanagement

Was immer man China in der Anfangsphase der Krise an Vertuschung und Zögern bei der Bekämpfung des Virus vorwerfen kann, als der Ernst der Lage von der chinesischen Führung erkannt und akzeptiert worden war, hat das System schnell und mit aller Konsequenz die ihm zur Verfügung stehenden Mittel für die Eindämmung der Krise eingesetzt.

Das kontrastiert merkwürdig mit dem relativ langen Zusehen und ungläubigen bis kritisch-abwertenden Kommentieren der chinesischen Maßnahmen durch viele europäische Beobachter. Hier wurde eine merkwürdige Sicherheit vor einem möglichen globalen Ausgreifen des Corona-Virus suggeriert[26].

„Gelassenheit" vor dem Sturm

Nur so ist auch zu erklären, warum bis in den Februar und zum Teil noch in den März hinein Aktivitäten in Europa und auch in Deutschland möglich waren, die der Verbreitung des Virus Vorschub geleistet haben dürften. An eine Einschränkung bzw. ein Verbot von Fasching bzw. Karneval, wo sich führende Politiker noch als Büttenredner versuchten[27], war keine Rede. Es gab weiterhin unbekümmerte touristische Aktivitäten im Ausland einschließlich in Risikogebieten wie Südtirol mit den damit verbundenen Reise- bzw. besonders Flugverkehren und sogar Fußballspiele mit vollen Stadien.

Wie sich dann herausstellte, war auch die Kenntnisnahme und Befassung mit Notfallplänen bzw. Szenarien, die von dafür zuständigen Institutionen und Gremien schon vor Jahren erarbeitet worden, eher dürftig.[28]Auch ein erstes Warnzeichen mit dem Auftreten des Virus bei der bayerischen Firma WEBASTO, das über eine chinesische Mitarbeiterin im Rahmen einer Weiterbildungsveranstaltung nach Deutschland hereingetragen worden war, wurde noch mit großer Gelassenheit betrachtet. Selbst als sich der heftige Ausbruch des Corona-Virus in Norditalien und dann in Südtirol – ein gerade auch bei Deutschen beliebtes touristisches Zielgebiet im Winter – abzeichnete, blieben die Reaktionen in Deutschland noch sehr gelassen, es gab keine Warnungen für Urlauber. Ischgl entwickelte sich so zum Hotspot der Verbreitung (Spreading).

Abb. 10: Urlaub in Ischgl. Foto H.G. Bannasch

Obwohl man das Beispiel der frühen und energischen Reaktion der Nachbarstaaten Chinas vor Augen hatte, gab es für die reale Gefahr einer schnellen globalen Ausbreitung dieses hochansteckenden Virus, d. h. einer Pandemie, noch keine Sensibilität. Es haperte deutlich an der Bereitschaft, dem nahenden Unheil früh vorzubeugen obwohl man wusste, dass es noch keinen Impfstoff dagegen gab.

Fazit ist, dass die unterschiedlichen sozialen und politischen Systeme – aus sicherlich verschiedenen Gründen – nicht fähig bzw. willens zu einer frühen und entschlossenen Reaktion auf die Gefahr einer Pandemie waren, also ein „Systemfehler", wenn man so will, offensichtlich auf allen Seiten vorgelegen hat.

Phasenverlauf einer Pandemie

Geht man von einem vereinfachten Phasenverlauf der Ausbreitung des Virus aus, in dem verschiedene Reaktionen und Maßnahmen möglich bzw. notwendig sind, werden meist vier Phasen unterscheiden[29]

- **Phase 1**: Prävention (prevention) der Einschleppung eines Virus solange der sich noch außerhalb des eigenen Staatsgebietes verbreitet (z. B. Fieberscreenings, Aufklärungsgespräche bei der Einreise bis hin zur Zurückweisung oder Quarantäne Einreisender aus Ausbruchsgebieten).

- **Phase 2**: Kontrolle (control) der Verbreitung des Virus, wenn nach unzulänglicher Prävention Erkrankungen im Land auftreten, die nicht unmittelbar mit Einreisen aus einem Risikogebiet zusammenhängen („autochthone Infektionen"). Dann geht es darum, Infektionsketten so früh wie möglich zu identifizieren, Kranke zu isolieren und deren Kontaktpersonen in Quarantäne zu bringen in Verbindung mit möglichst umfassender Testung, um Verdachtsfälle auf das neue Virus zu ermitteln.

- **Phase 3**: Wenn Prävention und Kontrolle nicht oder nur unzureichend gelingen, dann kann man davon ausgehen, dass die Verbreitung des Virus einen sogenannten Kipppunkt (tipping point) erreicht, von dem an die Fälle exponentiell ansteigen und eine schnelle Zunahme von neuen Fällen erfolgt, die nicht mit Importen oder bekannten Infektionsketten zusammenhängt. In dieser Phase kann es nur noch um Schadensbegrenzung (mitigation) gehen, für die die verfügbaren Ressourcen des Gesundheitssystems natürlich ganz entscheidend sind. Die dann erforderlichen drastischen Maßnahmen der Eindämmung des Virus bis hin zu einer „Stilllegung" von Wirtschaft und Gesellschaft haben das Ziel, möglichst wieder in Phase 2 zurückzukehren und die Zeit bis zur Verfügbarkeit eines Impfstoffes in Verbindung mit einer schrittweisen Lockerung des „Lockdowns" zu überbrücken („Exit-Strategie").

- **Phase 4**: Sollte dann ein Impfstoff zur Verfügung stehen, dann kann von einer Wiederherstellung (recovery) gesprochen werden, die sich vor allem auf eine schnelle und weitgehende Durchimpfung der Bevölkerung konzentrieren muss, wobei medizinisches Personal und verschiedene Risikogruppen Priorität haben sollten.

Im Nachhinein muss man feststellen, dass Maßnahmen zur Abwehr des Virus sowohl in der Präventions- als auch in der Kontrollphase in den meisten europäischen Ländern einschließlich Deutschland regelrecht verschlafen worden sind.

Man befand sich in Europa sehr schnell in der Phase 3, der Phase der Schadensbegrenzung bei exponentiellem Wachstum der Virusverbreitung in der Bevölkerung, in der es nicht nur um Maßnahmen auf der medizinischen und gesundheitspolitischen Ebene ging. Hier ergaben sich vor allem auch gewaltige Herausforderungen bezüglich einer wirtschaftlich-finanziellen Schadensbegrenzung bei Solo-Selbständigen, Kleinunternehmen, Privathaushalten und

Unternehmen quer durch alle Sektoren, Bereiche und Betriebsgrößen. Es ging um Einkommens- und Liquiditätssicherung, die der epidemiologisch erzwungene, mehr oder weniger umfassende Lockdown von Gesellschaft und Wirtschaft notwendig machte. Die Staaten Europas befanden sich nicht auf der Höhe der Anforderungen für eine wirksame Abwehr der heranrollenden Pandemie und zahlen dafür einen hohen wirtschaftlichen und sozialen Preis.

Symbolträchtig passten dazu die starken Bilder von Hilfslieferungen aus China und Russland für das besonders betroffen Gesundheitssystem Italiens.

Alternative Strategien zur Begrenzung des Schadens

Wichtig und interessant ist, dass sich hinsichtlich der Maßnahmenbündel zur Eindämmung und Kontrolle des Virus in der Phase 3 anfangs eine Art zweigeteilte Strategie unter den europäischen Ländern herausbildete.

Einmal konnte man von einer *Quarantäne-Strategie* sprechen, die auf eine scharfe Eindämmung des Virus im Hinblick auf seine exponentielle Ausbreitung durch eine weitgehende Stilllegung des gesellschaftlichen und wirtschaftlichen Lebens (lockdown) zielt. In gewisser Hinsicht stellte das eine Reaktion auf die in den o. g. Phasen 1 und 2 versäumten milderen Abwehrmaßnahmen dar. Abgesehen von China ist dieser Ansatz in Europa auf extreme Art und Weise in Italien angesichts der dortigen Katastrophe praktiziert worden. Das gilt weitgehend auch für Spanien und Frankreich; aber auch in Dänemark ist umgehend und rigoros mit einer sehr frühen Schließung seiner Grenzen gehandelt worden. Deutschland hat sich im Verlaufe der Krise schrittweise und in abgeschwächter Form diesem Ansatz genähert, so dass man von einem Beinahe-Lockdown sprechen könnte.

Den zweiten strategischen Ansatz beim Umgang mit dem Virus könnte man als Herbeiführung der sogenannten *Herdenimmunität* in der Bevölkerung charakterisieren. Hier wird unterstellt, dass es bei mehr oder weniger umfangreicher Aufrechterhaltung des gesellschaftlichen Lebens, wie Offenhalten von Kindergärten und Schulen, Gaststätten, Läden etc. zu einer fortschreitenden „Durchseuchung" der Bevölkerung kommt.

Wenn etwa zwei Drittel der Menschen infiziert worden sind, soll ein ausreichendes Maß an Immunität erreicht und die Ausbreitungsgefahr damit gebannt sein. In Europa haben das Großbritannien, die Niederlande und Schweden versucht, anfänglich auch die USA. Es ist aber inzwischen überdeutlich geworden, dass man bei einer solchen Strategie mit dem damit verbundenen raschen Anstieg von Krankheits- und Todesfällen Gefahr läuft, die nationalen Gesundheitssysteme zu überfordern.

Folglich haben sich die ersten beiden Länder davon abgewandt und auch in Schweden gibt es wachsende Zweifel am Erfolg der Herden-Strategie.[30]

Ob Quarantäne- oder Herdenimmunitäts-Strategie, beide stehen im Kontext der jeweils verfügbaren Kapazitäten des Gesundheitssystems im Sinne seiner personellen und materiellen Ressourcen.[31] Die Quarantäne-Strategie versucht ein „Volllaufen" des Gesundheitssystems mit Krankheitsfällen in der Phase des exponentiellen Wachstums der Verbreitung des Virus zu verhindern, wobei es insbesondere auf die intensivmedizinisch zu behandelnden Fälle ankommt, die viele Ressourcen binden.

Auch die Länder, die zunächst mit der Strategie der Herdenimmunität experimentiert haben, sind schnell an die Grenzen der Leistungsfähigkeit ihrer Gesundheitssysteme gestoßen. Das trifft insbesondere auf das staatliche Gesundheitssystem Großbritanniens (National Health Service, NHS) zu, wo schon in normalen Zeiten die intensivmedizinischen Kapazitäten weitgehend ausgelastet sind.

Neben den Kapazitäten und der Leistungsfähigkeit der Gesundheitssysteme darf aber nicht übersehen werden, dass der finanzielle

Handlungsspielraum der Staaten und der politische Wille, diesen zu nutzen, auf die Strategiewahl und vor allem auf Schärfe und Dauer des Lockdowns von Wirtschaft und Gesellschaft bei einer Quarantäne-Strategie von ganz entscheidender Bedeutung sind. Deren „Stilllegung" erfordert – das ist inzwischen überdeutlich geworden – Anstrengungen von bisher nicht gekanntem Ausmaß für die finanzielle Stabilisierung der Wirtschaft.

Gerade Deutschland hat die „Bazooka" oder ein „Feuerwerk" an gewaltigen finanziellen Hilfen in Form von Zahlungen an Haushalte bzw. Zuschüssen für Unternehmen und Kredithilfen ins Spiel gebracht. Hinzu kommen mögliche Teilverstaatlichungen und Stundung von Steuern und Abgaben sowie Garantien zur Absicherung von Unternehmenskrediten. Das Gesamtvolumen beläuft sich auf etwa 1,5 Billionen Euro. Dazu kommen noch die Finanzhilfen der einzelnen Bundesländer ergänzt durch Kurzarbeitergeld, sonstige steuerliche Hilfsmaßnahmen und soziale Sicherung.

Vor diesem Hintergrund ist in der Krise ein Spektrum von Lockdown-Strategien zu beobachten, das von verschiedensten Faktoren beeinflusst wird. Dazu gehören:

- die Exponiertheit der Länder gegenüber der Ausbreitung des Virus;

- die Wirksamkeit von Abwehrmaßnahmen in der Frühphase (Präventionsphase);
- die Bevölkerungsstruktur;
- die Mobilität der Bevölkerung;
- die Fähigkeit und Bereitschaft, gesellschaftlichen und wirtschaftlichen Stillstand bei den Maßnahmen in Phase 3 hinzunehmen und durchzustehen;
- Information, Kommunikation, Alternativen-Diskussion in der Öffentlichkeit und letztlich natürlich
- insbesondere Kapazität, Belastbarkeit und Funktionsweise des Gesundheitssystems.

In der Wahl der jeweiligen Strategie und in deren zeitlicher Ausprägung zeigen sich unterschiedliche Spielräume für den Mix an Maßnahmen bei den einzelnen Ländern.

In Europa hat es zweifellos den geringsten Spielraum in dieser Hinsicht für Italien gegeben, da de facto das ganze Land mit hohen sozialen und wirtschaftlichen Kosten sehr schnell zum „Stillstand" gebracht werden musste. Aber auch dann zeigte sich sein schon von der Sparpolitik vergangener Jahre geschwächtes, staatlich finanziertes Gesundheitssystem vor der anschwellenden Krise in weiten Teilen als völlig überfordert. Die dramatischen Bilder aus Italien und besonders die Fernsehbilder davon haben sicher einen gehörigen Anteil daran, dass der Ernst der Lage auch in Deutschland anders gesehen wurde. Umgekehrt vertieften die Aufnahmen von Hilfslieferungen aus China und Russland für Italien die Kluft zwischen den EU-Staaten.

Abb.11 russische Hilfe für Italien.- Quelle:
https://www.spiegel.de/politik/ausland/corona-krise-
europa-verliert-den-kampf-der-bilder-a-d2264aee-
41aa-4c82-9fa6-9f6837b04079S

Ähnliche dramatische Befunde ergeben sich für Spanien und Frankreich, wo es ebenfalls sehr schnell zu hohen Infektionszahlen und vielen Todesfällen gekommen ist, die mit einem harten Kurs der „Stilllegung" von Gesellschaft und Wirtschaft beantwortet werden mussten.[32]
Die europäischen Gesundheitssysteme sind in dieser Krise einem bislang noch nie dagewesenen Härtetest ausgesetzt. Dieser legt die gravierenden

Unterschiede zwischen ihnen und einige allgemein auftretende Defizite offen. Generell kann man sagen, dass ein an Marktkriterien und damit Kosten- und Effizienzmaßstäben orientiertes Gesundheitssystem in einer solchen Krise zweifellos an Grenzen stößt.[33]

Dabei geht es nicht nur um die Bettenzahl im Allgemeinen bzw. auf Intensivstationen im Besonderen, sondern um ausreichend verfügbares und qualifiziertes Personal und um eine Vielzahl an Materialien und Ausrüstungen bis hin zu aus Kostengründen global ausgelegten Lieferketten für solche Güter und wichtige Medikamente sowie um unterbliebene Forschung und Entwicklung (s. die eingestellten Forschungen zum SARS-Impfstoff).

Die europäischen Gesundheitssysteme haben unter den Folgen der Sparpolitik nach der Finanzkrise 2008/09 gelitten. Das betrifft insbesondere den Alten- und Pflegesektor, dessen personelle und materielle Ausstattung unzureichend ist, der aber gerade die am stärksten betroffenen Risikogruppen der Bevölkerung betrifft.

Schließlich muss man konstatieren, dass vorhandene Illusionen über die Überlegenheit der Standards europäischer Gesundheitssysteme – etwa im Vergleich zu asiatischen Ländern – weitgehend verflogen sind. Die europäischen Systeme sind im Wesentlichen auf konventionelle Gesundheitsprobleme aber sicher nicht auf epidemische Szenarien ausgerichtet.

Ausnahmefall Deutschland?

In Deutschland ist es trotz von Versäumnissen in der Frühphase und eklatanter Defizite in der Versorgung mit Schutzmaterialien gelungen, im Rahmen eines begrenzten Lockdown den Anstieg der Infektionen und insbesondere der intensivmedizinischen Fälle im Wesentlichen mit den Kapazitäten des Gesundheitssystems in Einklang zu halten, auch wenn sich das regional zweifellos unterschiedlich darstellt. International fällt vor allem auf, dass – auch bei anzunehmenden statistischen Verzerrungen – trotz hoher Zahl an Infektionen die Letalitätsrate in Deutschland vergleichsweise niedrig gehalten werden konnte. Das ist natürlich auch international aufgefallen und hat im Ausland insbesondere in der britischen und amerikanischen Presse dazu geführt, vom Ausnahmefall Deutschland zu sprechen.[34]

Beim Vergleich von Kapazitäten des Gesundheitssystems mit anderen Ländern weist Deutschland denn auch durchaus überdurchschnittliche Werte auf. Nach Angaben der OECD entfallen auf 100.000 Einwohner hierzulande 33,9 Intensivbetten. Es folgen Österreich mit 28,9 Betten, Frankreich mit 16,3 Betten. In Spanien und Italien gibt es nur 9,7 bzw. 8,6 Betten, weit unter dem Durchschnitt von 10 europäischen Staaten mit 15,9 Intensivbetten je

100.000 Einwohner. Noch weniger Betten weisen Dänemark mit 7,8 und Irland mit fünf Betten auf.[35]

So erfreulich die Ausstattung mit Intensivbetten in Deutschland in dieser Situation auch ist, so steht sie zweifellos aber auch im Zusammenhang mit falschen finanziellen Anreizen im Gesundheitssystem. Hierzulande sind Intensivbehandlungen in den letzten Jahren für die Krankenhäuser immer lukrativer geworden. Das hat zu der Tendenz geführt, möglichst viele Patienten intensivmedizinisch zu behandeln.[36]

Ganz anders die Situation in Spanien, wo Ende März/Anfang April 2020 rund 4900 Patienten auf Intensivstationen lagen, es zu Beginn der Krise aber erst 4400 Intensivbetten gab. Folglich musste deren Anzahl kurzfristig erhöht werden.[37]

Als ein Erfolgsfaktor des deutschen Ansatzes beim Umgang mit der Pandemie ist immer wieder die Teststrategie angeführt worden. Nachdem bereits Mitte Januar 2020 in der Berliner Charite ein Test entwickelt und online bereitgestellt wurde, ist in den Laboren des Landes ein wachsender Bestand an Tests aufgebaut worden. Das hat es ermöglicht, eine relativ große Anzahl an Labordiagnosen durchzuführen (wöchentlich etwa 350.000).

Trotzdem bleiben Zweifel und offensichtliche Defizite bei der Eindämmung und Kontrolle der Corona-Pandemie in Deutschland. Hier ist insbesondere eine Gruppe von Gesundheitspolitikern mit einem „Thesenpapier zur Pandemie durch Sars-CoV-2/Covid-19" hervorgetreten, die teilweise eine harsche Kritik am bisherigen Umgang mit der Pandemie äußern.[38] Zunächst heben sie hervor, dass die derzeit verfügbaren epidemiologischen Daten wie gemeldete Infektionen, Todesfälle/-rate kaum ausreichen, um die Verbreitung und das Ausbreitungsmuster der Pandemie zu beschreiben, so dass diese nur bedingt zur Begründung und Absicherung weiterreichender Entscheidungen herangezogen werden können. Insbesondere monieren die Autoren, dass die vom RKI regelmäßig gemeldeten Fälle letztlich von Testverfügbarkeit und Anwendungshäufigkeit abhängen. Bei einer solchen anlassbezogenen Teststrategie mache es beispielsweise keinen Sinn, von einer sog. Verdopplungszeit der Infektionen zu sprechen.

Hinsichtlich der Sterblichkeit könne es wegen der mangelnden Abgrenzung der Gesamtheit an Todesfällen keine sinnvolle Aussage zu den tatsächlich an einer Corona-Infektion gestorbenen Patienten geben. In den Vordergrund müsse die Befassung mit der Verbreitung des Virus in Krankenhäusern, Pflege- und Betreuungseinrichtungen treten, da dieser Ausbreitungstyp zum dominierenden Verbreitungsmodus werde (weniger der Aufenthalt in Risikogebieten und der individuelle Kontakt). Schließlich müsse stärker beachtet werden, dass die Pandemie nicht eine ganze Bevölkerung einheitlich betreffe, sondern in lokal begrenzten Clustern auftrete.

Die angeordneten allgemeinen Präventionsmaßnahmen (Eindämmung, containment) wie social distancing halten die Autoren für theoretisch schlecht abgesichert, ihre Wirksamkeit beschränkt und zudem paradox, denn je wirksamer diese seien, desto größer sei die Gefahr einer „zweiten Welle". Schließlich seien sie hinsichtlich der Kollateralschäden nicht effizient. Ihr Vorschlag ist, die jetzigen Maßnahmen durch Zielgruppen-orientierte Maßnahmen zu ergänzen und allmählich zu ersetzen.

Dabei sollten vier Risikogruppen ins Zentrum der Aufmerksamkeit rücken:

- hohes Alter
- Multimorbidität
- institutioneller Kontakt (Krankenversorgungs- und/oder Pflegeeinrichtungen)
- Zugehörigkeit zu einem lokalen Cluster.

Bei den gesellschaftlichen Aspekten wird hervorgehoben, dass die anfangs angewandte allgemeine Eindämmungsstrategie (partieller Lockdown) wohl unvermeidlich war, dass aber damit die Gefahr verbunden ist, soziale Ungleichgewichte und sonstige Konflikte zu verstärken.

Die kritische Überprüfung der Eindämmungsstrategie ist unverzichtbar, um einen wirksamen Ausstieg aus dem Lock-down zu erreichen.

EU-Gemeinschaft im Corona-Sturm

Die EU hat in ihren Reaktionen auf die Krise ein erschreckend schwaches und zerstrittenes Bild abgegeben. Es war nicht möglich, zügig zu gemeinsamen, abgestimmten Maßnahmen zu kommen, die die länderübergreifende Ausbreitung des Virus eingedämmt hätten. Und auch nicht, entsprechende Hilfen zu finden, um den Ländern und Regionen zu helfen, die am stärksten betroffen waren und sind.

Charakteristisch hierfür waren:

- die unabgestimmten Grenzschließungen;
- viel zu wenig verfügbare Schutzmaterialien in allen Ländern, was zu Ausfuhrverboten von Materialien und Schutzausrüstungen zugunsten der nationalen Gesundheitssysteme führte,
- das fortgesetzte Gefeilsche um finanzielle Hilfen für die Länder, die am stärksten betroffen sind („Corona-Bonds").

Andererseits blieb den EU-Staaten letztlich auch keine Wahl angesichts des Fehlens einer gemeinsamen Gesundheitspolitik und Risikovorsorge in einer Pandemie dieses Ausmaßes. Die Gesundheitspolitik in der EU liegt in nationaler Verantwortung. In der Folge gibt es eine große Heterogenität dieser Systeme, die unterschiedlich stark gegen solche Schocks wie eine Pandemie gewappnet sind. Und bislang gibt es auch keine ernsthaften Überlegungen, das zu verbessern im Unterschied zur Stabilisierungspolitik bei Banken, Finanzsystemen nach der Krise von 2008/09, wo ein entsprechendes Instrumentarium entwickelt worden ist.

Schließlich haben die zähen und kontroversen Verhandlungen zur Eindämmung der enormen wirtschaftlich-finanziellen Folgen der Corona-Krise zu einem vorläufigen Kompromiss geführt, auch wenn die „Südländer" letztlich immer noch nicht die Idee von einem Europäischen Fonds aufgegeben haben, der Anleihen ausgeben kann.[39]

Danach hat man sich in Ergänzung der jeweiligen nationalen Maßnahmen im Wesentlichen auf vier Säulen der finanziellen Stabilisierung geeinigt, die umfassen sollen

- Erweiterte Kreditlinien über den Stabilisierungsmechanismus ESM

- Zusätzliche Investitionsmöglichkeiten über die Europäische Investitionsbank (EIB)

- Einen Fonds für die Finanzierung von Kurzarbeitergeld in Mitgliedstaaten

- Einen (in seiner Höhe und in den Modalitäten der Mittelvergabe noch unbestimmten) Wiederaufbaufonds, (recovery-bonds) mit dem man das leidige Thema gemeinsamer „Corona-Bonds" zu umgehen versucht.[40]

Flankiert wird dieses Programm durch ein Pandemie-Notfallkaufprogramm (PEPP) der EZB von rund 750 Mrd. Euro zunächst bis Ende 2020.

Die Wahrscheinlichkeit, dass der Umgang mit dieser Krise die Gegensätze in der EU weiter verschärfen wird, ist sehr groß wie sich besonders in Politik und Öffentlichkeit in Italien und Spanien an dem als unsolidarisch empfundenen Verhalten Deutschlands und den Niederlanden erkennen lässt.[41]

Nicht von ungefähr haben auch diesmal die östlichen EU-Mitglieder relativ rigide auf die Krise reagiert, wissend, dass von den größeren Mitgliedstaaten wenig zu erhoffen ist.

2.4 USA

Die USA unter Präsident Trump liefern zweifellos das Musterbeispiel an Fahrlässigkeit, Inkompetenz und Verantwortungslosigkeit in dieser Krise. Die heranrollende Pandemie mehr oder weniger als lästige Störung zu bezeichnen und das „China-Virus" zu geopolitischen Spielchen benutzend, von dem sich Gesellschaft und Wirtschaft des Landes nicht beeindrucken lassen würden, hat das Land praktisch wehrlos gegenüber dieser riesigen Gefahr gemacht.

Die USA sind so zum Epizentrum dieser Pandemie mit den höchsten Fallzahlen einschließlich der Todesfälle geworden.

Dabei verfügte die politische Führung des Landes schon relativ früh, und zwar schon 2019 über Geheimdiensterkenntnisse einer sich anbahnenden Epidemie. Hierzu zählen auch Warnungen des US-Handelsbeauftragten, Navarro, der dann im Januar und Februar 2020 auf eine solche Gefahr hingewiesen hat, die aber ebenfalls nicht beachtet worden sind.[42]

Die Tragik der Situation in den USA besteht u. a. darin, dass diese Gesundheitskrise ein Land mit dem teuersten Gesundheitssystem der Welt trifft, in dem das meiste Geld pro Kopf und Jahr für Gesundheit ausgegeben wird (9.870 US-Dollar). Dieses System ist jedoch auf eine wohlhabendere Klientel ausgerichtet und lässt Millionen Amerikaner, die generell keine Krankenversicherung haben bzw. eine solche verlieren, wenn sie arbeitslos werden, da diese Versicherung an den Arbeitsplatz geknüpft ist, im Stich.

In der aktuellen Krise gibt es viel zu wenige Corona-Tests (neben einem gravierenden Mangel an Schutzausrüstungen, Betten, Beatmungsgeräten etc.), die zudem anfangs auch nicht kostenlos waren, was zu mangelnder Isolierung von Kranken und damit zu hohen Infektions- und Todesraten führte.

Die Organisation der Corona-Bekämpfung im Weißen Haus in chaotisch; das Zusammenwirken von Bundesebene in Washington mit den Gouverneuren der Einzelstaaten ist erbärmlich geregelt und von politischer Taktik bestimmt, worunter besonders New York unter seinem demokratischen Gouverneur, A. Cuomo, leidet, das besonders hart von Corona getroffen ist.[43]

Im Gesundheitssystem der USA kommen die Klassenunterschiede und Gegensätze dieser Gesellschaft – verschärft durch Rassismus – besonders drastisch zum Vorschein.

Insofern ist es keine Überraschung, wenn sich hinter den hohen Infektions- und Todeszahlen des Landes ein überproportional hoher Anteil an Afro-Amerikanern verbirgt, was aber in den offiziellen Statistiken zur Corona-Krise noch weitgehend verborgen bleibt.[44]

Abb. 12: Hoffnungszeichen in den USA-
Quelle: https://www.tagesschau.de/ausland/
coronavirus-usa-125~magnifier_pos-1.html

Auch die jüngsten Aktionen von Präsident Trump zur Mitteleinfrierung gegenüber der WHO oder die Verdächtigungen gegenüber China und Drohungen für Nachspiele werden vielfach eher als Ablenkungsmanöver vom eigenen Versagen interpretiert.

2.5 Russland, Indien und Brasilien sowie übrige Welt

Russland

Die Corona-Krise trifft Russland in einem politisch kritischen Moment, da eine von Präsident Putin forcierte „Verfassungsreform" noch im Frühjahr 2020 durch ein Referendum abgesegnet werden sollte. Dieses Projekt verfolgt sehr klar das Ziel, das Machtsystem auch nach dem Ende der jetzigen Amtszeit des Präsidenten auf dessen Person ausgerichtet zu halten.

Ferner standen die prestigeträchtigen Feierlichkeiten zum 75. Jahrestag des Sieges im zweiten Weltkrieg am 9. Mai mit hochrangiger internationaler Beteiligung ganz oben auf der politischen Agenda des Kreml. Beide Ereignisse sind letztlich wegen der Gesundheitskrise auf unbestimmte Zeit verschoben worden. Trotzdem gab es dadurch aber eine Hemmschwelle, sich schon früh und energisch mit der heraufziehenden

Gesundheitskrise zu befassen, was sich jetzt ganz offensichtlich rächt.

Damit ist auch in Russland Ähnliches wie in anderen Ländern passiert, die darauf hofften, von der Krise mehr oder weniger verschont zu bleiben.

Zwar steht Russland gegenwärtig mit etwas über 30.000 Infizierten (Mitte April) noch am Anfang der Ausbreitung des Virus im Lande, wobei die Schwerpunkte der Verbreitung erwartungsgemäß zunächst in den Ballungszentren Moskau und St. Petersburg liegen. In beiden Zentren ist das Gesundheitssystem noch vergleichsweise gut aufgestellt, wobei man aber auch hier schon an der Kapazitätsgrenze operiert. Nicht auszudenken ist aber, wenn das Virus sich massenhaft in den Regionen ausbreiten würde, wo das Gesundheitssystem eindeutig überfordert wäre. Insofern ist eine „Isolierung" der beiden Metropolregionen von außerordentlicher Bedeutung für eine Beherrschung der Krise. Das hat dann folgerichtig auch zu einem Verbot von Reisen aus Moskau in andere Regionen des Landes geführt.

Der Versuch einer nachhaltigen Eindämmung der Infektion begann eigentlich erst Ende März mit der Bekanntgabe einer arbeitsfreien Woche für die Bevölkerung. Diese Maßnahme ist dann auf eine Arbeitsfreistellung für den ganzen Monat April – wiederum mit voller Lohnzahlung – ausgeweitet worden.

Dann kamen ab dem 30. März in zwei Stufen strenge Isolationsauflagen hinzu einschließlich

Grenzschließungen, nachdem eine Zeitlang noch Einreisende aus Risikogebieten (z. B. Italien, aber auch Deutschland) 14 Tage in Quarantäne gehen mussten.

Inzwischen setzt das Krisenmanagement auf eine weitgehende Kontrolle des (noch möglichen) öffentlichen Lebens, indem beispielsweise alle Bewegungen mit dem öffentlichen Nahverkehr – und das betrifft hauptsächlich die Metro, das Herzstück des öffentlichen Verkehrs in Moskau – online, per Telefon oder SMS angemeldet werden müssen und daraufhin ein Erlaubnis-Code vergeben wird, der auch kontrolliert wird.[45]

Relativ schwer tut sich die russische Regierung mit den wirtschaftlichen Stabilisierungsmaßnahmen, die nur zögerlich und ungleichmäßig angesetzt worden sind.[46] Zwar sind direkte Hilfszahlungen an kleine und mittlere Unternehmen beschlossen worden, die ihre Mitarbeiter nicht entlassen. Vorgesehen sind u. a. auch zinslose Darlehen an Restaurants und Hotels sowie Hilfen für die Regionen; aber der bisher vorgesehene Umfang steht in keinem Verhältnis zur Größe des Problems und die Auszahlungen scheitern vielfach – wie fast zu erwarten - an der Bürokratie. Schließlich kommt es wohl auch zu einer zweifelhaften Strategie, indem die Hilfen letztlich weitgehend bei den mit der Politik und Bürokratie gut vernetzten Großkonzernen landen werden.

Wirtschaftlich trifft die Corona-Krise Russland ebenfalls in einem sehr ungünstigen Augenblick, da sich das Land bis vor Kurzem noch auf dem internationalen Ölmarkt einen Preiskrieg mit Saudi-Arabien geliefert hat, der den Ölpreis mit auf Talfahrt geschickt hat.[47]

Präsident Putin hat in dieser Krise offensichtlich die „Vorzüge" der föderalen Struktur des Landes entdeckt, indem er die Gouverneure der Regionen an die Front zur Bekämpfung des Virus gestellt hat und im Übrigen darauf bedacht ist, selbst möglichst wenig politischen Schaden durch diese Krise zu erleiden. Für Moskau erledigt diese undankbare Aufgabe der Bürgermeister der Stadt, Sergej Sobjanin, der sich durchaus als Technokrat Meriten beim Ausbau der Hauptstadt erworben hat und als enger Vertrauter des Präsidenten gilt. Das hat ihm sogar erlaubt, offizielle Fallzahlen zu bezweifeln und in puncto Schließung des öffentlichen Lebens und Durchsetzung von Ausgangsbeschränkungen Richtung und Tempo für das ganze Land vorzugeben.

Indien und Brasilien

Beide Schwellenländer befanden sich in der ersten Hälfte April 2020 ebenfalls noch in der Anfangsphase der Ausbreitung des Corono-Virus.

Im Falle Indiens hatte Premierminister Modi immerhin bereits am 24. März einen für das ganze Land geltenden Lockdown für die folgenden 21 Tage verkündet. Das hatte einen gewaltigen Exodus von Millionen von Wanderarbeitern aus den Städten auf das Land zur Folge, da ihnen die Arbeitsgrundlage in den Städten damit entzogen worden war.[48] Schon vorher waren verschiedene Eindämmungsmaßnahmen – teilweise regional differenziert - angeordnet worden wie Reisebeschränkungen einschließlich der völligen Einstellung des ankommenden internationalen und des inländischen Flugverkehrs, Schließung von Bildungseinrichtungen, Museen und Theatern, das Verbot von Massenveranstaltungen und die Aufforderung zur stärkeren Nutzung des Homeoffice.

Das Ende März verkündete finanzielle Unterstützungspaket orientierte insbesondere auf Naturalabgaben wie Lebensmittel und Gas zum Kochen sowie auf Geldtransfers für Haushalte mit besonders niedrigem Einkommen, Versicherungsleistungen für Beschäftigte im Gesundheitssektor, dem ebenfalls Mittel zum Ausbau seiner Infrastruktur zugeführt werden sollen (Schutzausrüstungen, Intensivbetten etc.). Ergänzt werden die Stützungsmaßnahmen der föderalen Ebene durch Hilfen der indischen Bundesstatten, wobei auch hier Direkttransfers (Lebensmittel, Geld) an Haushalte mit niedrigem Einkommen dominieren.

Im Hinblick auf die Corona-Krise in Brasilien bestimmte lange Zeit ein unbegreiflich arroganter Präsident, Jair Bolsonaro ("der letzte Corona-Leugner"), die Schlagzeilen. Er weigerte sich partout, den Ernst der Pandemie und die Folgen für das Land anzuerkennen. In Brasilien trifft so ein völlig dysfunktionales politisches System auf eine Gesundheitskrise größten Ausmaßes.

Mitte April gab es offiziell etwa 30.000 Corona-Fälle mit knapp 2.000 Toten, wobei der regionale Schwerpunkt im Bundesstaat Sao Paulo lag.

Mit den steigenden Infektionszahlen und vor dem Hintergrund des schlechten Gesundheitssystems geht im Land inzwischen die Angst um.

Kritisch sind auch hier die Favelas der Großstädte, wo der Schutz gegen eine Infektion sehr schwer ist. Es waren deshalb zunächst die in den Favelas operierenden Drogengangs, die Ausgangssperren durchsetzen konnten.

Inzwischen gibt es Kontaktbeschränkungen und Isolationsmaßnahmen im ganzen Land hauptsächlich durch die hartnäckigen Bemühungen des Gesundheitsministers Luiz H. Mandetta gegen den Widerstand von Bolsonaro. Dieser möchte am liebsten das Land so schnell wie möglich im Interesse der Wirtschaft hochfahren. Der Machtkampf zwischen dem Präsidenten und dem Gesundheitsminister endete inzwischen mit der Entlassung des Letzteren durch Bolsonaro.

Trotz der destruktiven Haltung des Präsidenten haben die Behörden inzwischen doch Unterstützungsmaßnahmen angekündigt bzw. schon auf den Weg gebracht, die sich auf etwa 6,5 Prozent des BIP des Landes belaufen.

Entwicklungsländer

Es bedarf nicht viel Fantasie, um einzusehen, dass die Corona-Krise für die Entwicklungsländer sowohl in medizinischer als auch in wirtschaftlicher Hinsicht eine dramatische Überforderung darstellt und in einer humanitären Katastrophe größten Ausmaßes zu enden droht.

Dabei stehen zunächst nicht einmal die Probleme der in der Regel überforderten Gesundheitssysteme dieser Länder im Mittelpunkt. Die überwiegende Zahl der ärmsten Länder befindet sich vorerst noch am Anfang der Pandemie.

Es sind zunächst einmal die von der globalen Corona-Krise ausgehenden Rückschläge für die Volkswirtschaften dieser Länder, die im Vordergrund stehen. Das betrifft eine enorme Kapitalflucht aus den Entwicklungsländern, die schon jetzt höher als zu Zeiten der Finanzkrise ist. Hinzu kommen fallende Preise für Rohstoffe, auf deren Export viele Entwicklungsländer angewiesen sind sowie generell Einbrüche auf ihren Exportmärkten (z. B. für Textilien in industrialisierten Ländern), ein Rückgang von Direktinvestitionen etc.

Es ist absehbar, dass diese Entwicklung neue Flüchtlingsströme auslösen kann.

Im gesundheitlichen Bereich ist es in vielen Ländern illusorisch, die in den entwickelten Ländern üblichen klassischen Empfehlungen zur

Eindämmung des Infektionsrisikos und der Verbreitung des Virus wie das Einhalten sozialer Distanz umzusetzen. Die Unterausstattung der Gesundheitssysteme dieser Länder ist nahezu unvorstellbar. In Nigeria, einem eigentlich reichen Ölförderstaat mit einer Bevölkerung von rund 200 Mill. Menschen, gibt es lediglich 200 Beschäftigte in sechs Laboratorien, die Tests durchführen können. In den Krankenhäusern des Landes gibt es nur 350 Intensivstationen mit jeweils maximal 20 Betten. Kenia verfügt über 130 Intensivstationen und 200 Arzt- und Pflegekräfte. Im Durchschnitt kommen auf 10.000 Menschen in den afrikanischen Staaten zwei Ärzte. In Italien sind es 41 Ärzte.[49]

Dabei droht diesen Ländern nicht nur eine sich ausbreitende Corona-Pandemie; denn gleichzeitig mit dieser haben sie noch mit anderen, noch nicht bewältigten Epidemien wie Malaria, Lassa-Fieber, Gelbfieber, HIV, Tuberkulose und selbst noch Ebola zu kämpfen.

Auch wenn die entwickelten Länder nun selbst größte Anstrengungen zur Eindämmung der Corona-Krise und ihrer Folgen unternehmen müssen, so wird doch kein Weg daran vorbeigehen, den Entwicklungsländern auf vielfältige Weise Hilfe zu gewährleisten. Natürlich sind hier in erster Linie die multilateralen Finanzinstitutionen wie Internationaler Währungsfonds und Weltbank gefordert[50], aber auch die entwickelten Industriestaaten werden um eigene Beiträge nicht herumkommen und ihre entwicklungspolitischen Anstrengungen verstärken müssen (z. B. Schuldenschnitt bzw. –moratorium). Ein ungebremstes Anschwellen der Corona-Pandemie in Entwicklungsländern und deren Zurückschwappen in die industrialisierten Länder des „Nordens" würde deren jetzige Eindämmungsstrategien in Frage stellen.[51]

3. Vom Lockdown zur Exit-Strategie

Diese Pandemie hat einen neuen Typ sozialer und wirtschaftlicher Krise hervorgebracht. Dieser unterscheidet sich essenziell von den bisher bekannten Wirtschafts- und Finanzkrisen. Ging es bei diesen darum, eine sektoral begrenzte Stabilisierung (z. B. des Banken- und Finanzsystems) vorzunehmen, um eine „Infizierung" der übrigen Wirtschaft zu verhindern, so ist nun erstmals eine mehr oder weniger weitgehende Abschirmung bzw. Stilllegung der gesamten Gesellschaft notwendig, um diese Art von Gesundheitskrise in den Griff zu bekommen.

Das, was in einer Finanzkrise vermieden werden soll, wird hier zu einer Voraussetzung der Beherrschung einer beispiellosen Gesundheitskrise. Dabei hat sich gezeigt, dass, je schlechter man auf eine solche Krise vorbereitet ist und je weniger es eine gesicherte Datengrundlage zur Ausbreitung des Virus gibt, desto drastischer, „grober" und undifferenzierter fallen die Maßnahmen zur Eindämmung der Pandemie aus. Man ist gezwungen, unter hoher Unsicherheit bei großen Datendefiziten und Unkenntnis der Wirksamkeit der verschiedenen Maßnahmen vorzugehen. Diese Situation kennzeichnet die Eindämmungsstrategien fast aller Länder in der gegenwärtigen Krise, da sie nicht den richtigen Umgang mit der Zeit, die man bei einer Pandemie hat, gefunden haben.

„Eine Epidemie lässt sich im Keim ersticken, wenn in ihrer Anfangsphase zwei oder drei maßgeschneiderte Gegenmaßnahmen getroffen werden. Hat man dies versäumt, muss man den mühsamen Weg der kontrolliert verzögerten Durchseuchung nach Maßgabe der verfügbaren Therapiekapazitäten gehen – oder in einem Kraftakt (nationale Ausgangssperre, Kriegswirtschaft) versuchen, epidemiologische Zeit zurückzugewinnen."[52]

Da sich erstere Strategie – die Erreichung einer Herdenimmunität für nahezu alle Länder als undurchführbar erwiesen hat – kam folglich nur der zweite Ansatz in Frage, der Lockdown.

Es ist müßig darüber zu spekulieren, ob frühere Informationen aus China zum sich ausbreitenden Virus oder eine zeitigere Warnung durch die Weltgesundheitsorganisation (WHO) im Rest der Welt zu einer besseren Vorbereitung auf das Coronavirus geführt hätten.[53]

Es ist sehr zu bezweifeln, dass das der Fall gewesen wäre. Es ist kaum anzunehmen, dass beispielsweise die Faschingssaison in Deutschland abgesagt, geplante Skiurlaube im Ausland oder große Sportveranstaltungen mit Massenpublikum nicht durchgeführt, umfangreiche Testkapazitäten aufgebaut, der Vorrat an (unzureichend vorhandenen) Schutzausrüstungen für medizinisches und Pflegepersonal massiv aufgestockt bzw. eine inländische Produktion angekurbelt und die Bevölkerung auf eine Maskenpflicht u. a. einschränkende Maßnahmen vorbereitet, vorhandene Pandemie- und Notfallpläne für praktische Maßnahmen herangezogen, die kommunalen Gesundheitsämter personell und organisatorisch gestärkt worden wären etc. Schließlich hätte man den zukünftigen „Patienten Wirtschaft" auf den kommenden Ernstfall vorbereiten müssen, eine Vorstellung, die sofort als illusorisch erkennbar ist. Es hätte hier ja den plötzlichen Abschied von der just-in-time-Philosophie bedeutet, die der Logistikbranche weitgehend die Lagerhaltung aufbürdet.

Die infolge der gegen das Virus möglichen, aber nicht genutzten Interventionszeit hat die Staaten zwangsläufig dazu gezwungen, eine Quarantäne-Strategie mit verschiedenen Stufen eines Lockdowns von Wirtschaft und Gesellschaft zu wählen. Diese unterzieht wesentliche politische, soziale, rechtliche und ökonomische Aspekte der betroffenen Gesellschaften, deren Standards und

Normen einem einmaligen Stresstest. Eine solche Belastung kann nicht auf Dauer anhalten.

Eine harte und umfassende Quarantänestrategie wie der Lockdown in Deutschland kann nicht infolge wachsender sozialer, ökonomischer Kosten und Risiken bis zur Verhinderung auch noch der letzten Infektions- bzw. Todesfälle oder bis zur Verfügbarkeit eines Impfstoffes durchgehalten werden.

Sie ist letztlich auch nicht notwendig, wenn eine entsprechende Anpassung und schrittweise Lockerung der ursprünglichen Quarantänestrategie vorbereitet und umgesetzt wird, ohne ein unkontrolliertes, die Kapazitäten des Gesundheitssystems überforderndes Aufflammen der Pandemie („zweite Infektionswelle") zu riskieren.

Die Diskussion um eine solche Exit-Strategie hat in Deutschland schon sehr früh nach Inkraftsetzung der vielfältigen Maßnahmen zur partiellen „Stilllegung" von Wirtschaft und Gesellschaft begonnen, auch wenn sich die Politik immer wieder gegen eine unzeitgemäße, zu frühe Lockerung zur Wehr gesetzt hat.[54]

Auch an Vorschlägen für ein schrittweises Vorgehen bei einer solchen Exit-Strategie mangelt es inzwischen nicht.[55]

Je besser die Belastungen des Gesundheitssystems beherrschbar gehalten werden, je wirksamer Risikogruppen geschützt werden können, desto eher kann auf eine Strategie der schrittweisen Rückkehr zur Normalität gesetzt werden.

Trotzdem bleibt die Grundsatzfrage, was man wann und in welchem Umfang wieder erlauben, öffnen und zulassen kann, eine politisch, sozial und ökonomisch umstrittene Problematik. Denn nach wie vor handeln die verantwortlichen Akteure unter hoher Unsicherheit und einem immer noch erheblichen Mangel an aussagefähigen Daten zum Infektionsgeschehen in der Bevölkerung. Das hat wesentlich damit zu tun, dass die Pandemie in ihrer Anfangsphase nicht unter Kontrolle gebracht werden konnte, die so notwendige Verfolgung und Unterbrechung der Infektionsketten und der Ausbreitung des Virus verlorengegangen ist.[56] Der weitgehend undifferenzierte Lockdown sollte zunächst einmal diese Kontrolle zurückbringen, um dann auf eine differenzierte Lockerungsstrategie einzuschwenken.

Insofern ist das schrittweise, vorsichtige und tastende Vorgehen bei der Exit-Strategie praktisch zwingend, um die Folgen von Lockerungsmaßnahmen in verschiedenen Bereichen, bei unterschiedlichen Bevölkerungsgruppen auf das Infektionsgeschehen erst einmal erkennen und bewerten zu können.[57] Zweifellos haben die strikten Maßnahmen des deutschen (Beinahe-) Lockdown einen positiven Effekt gehabt. Die sog. Reproduktionszahl, die angibt, wie viele Personen ein Infizierter seinerseits wieder ansteckt, ist von ursprünglich zwischen 3 – 5 auf 1 und darunter gefallen, was den exponentiellen Anstieg der Infektionszahlen unterbricht.

Als Schlüsselproblem einer solchen Strategie bleibt es aber notwendig, aussagekräftige Daten aus repräsentativen Erhebungen zum tatsächlichen Verlauf der Epidemie in der Gesamtbevölkerung zu erhalten und zwar unabhängig von den jeweils angewendeten Testpraktiken. Nur auf dieser Grundlage können belastbare Zahlen zur Durchseuchung der Bevölkerung gewonnen und Art und Umfang von weiteren gezielten Maßnahmen einer möglichen Lockerung bewertet und durchgeführt werden.

Das ist auch eine entscheidende Forderung in dem genannten Report der Leopoldina, in dem ein konkreter Fahrplan für ein Ende der Kontaktsperren und eine schrittweise Öffnung von Gesellschaft und Wirtschaft vorgelegt worden ist. Danach müssen geeignete Stichproben den Infektions- und Immunitätsstatus der Bevölkerung vermitteln, das Seuchengeschehen möglichst in Echtzeit in relativ kurzen Abständen festgestellt werden, um im Zuge einer Lockerung die Infektionszahlen beherrschbar halten zu können.[58] Zweifellos liegt im Fehlen eines solchen Ansatzes bislang eines der gravierenden Defizite der Corona-Strategie in Deutschland, die in dieser Hinsicht nicht zuletzt unter dem Fehlen einer anerkannten, breit einzusetzenden elektronischen Nachverfolgung der Infektionsketten leidet.[59]

Gerade auch an dem zögerlichen, unentschlossenen Vorgehen in dieser Frage werden die gravierenden Defizite Deutschlands und der EU bezüglich der Digitalisierung deutlich.

Die Diskussion um die im Zuge der Lockerung des Lockdown durch die Bundesregierung vereinbarten Maßnahmen in den Bundesländern macht deutlich, dass die Bereiche Schule/Kita, Handel und Gastronomie/Hotellerie offensichtlich zu den schwierigsten und umstrittensten Bereichen bei der Exit-Strategie gehören.

Widerstreitende Interessenlagen und Anforderungen in medizinischer und sozialer bzw. ökonomischer Hinsicht treffen hier aufeinander und bedürfen einer entsprechenden politischen Abwägung. Bezüglich Schule/Kita kommt hier erschwerend hinzu, dass erstens das Infektionsgeschehen bei Kindern und jungen Erwachsenen seitens Virologie/Epidemiologie noch relativ wenig durchdrungen und verlässlich abschätzbar ist und zweitens die nach wie vor notwendige Einhaltung von Abstands- und Hygieneregeln in diesen Altersgruppen nicht einfach sein wird, abgesehen davon, dass auch nicht alle Schulen in Deutschland die materiellen und räumlichen Voraussetzungen dafür bieten.

Es ist davon auszugehen, dass die weiteren differenzierten, zielgruppen- und bereichsorientierten Öffnungen einer längeren Exit-Strategie ähnliche Widersprüche und Interessenkonflikte aufwerfen werden, die nur durch überzeugende Begründungen und eine transparente, offene Kommunikation der politischen Entscheidungsträger überwunden werden können.

Und schließlich gilt, dass eine Exit-Strategie nur dann Aussicht auf Erfolg hat, wenn sie einigermaßen im Gleichschritt mit dem Vorgehen in anderen, mit Deutschland arbeitsteilig verbundenen Ländern erfolgt. Nur dann wird es zu dem erhofften wirtschaftlichen Konjunkturaufschwung kommen.

4. Bestpraktiken des globalen Corona-Krisenmanagements

- Krisenstäbe vor der Krise bilden und trainieren!
- Frühzeitig Krisensymptome in anderen Ländern ernst nehmen!
- Krisen auch emotional überzeugend kommunizieren!
- Sorge artikulieren, ohne Panik zu schüren!
- „Wir" im wording und framing ernstnehmen!
- Gefolgschaft auch durch dosierte Schreckensszenarien erzwingen!
- Schnelles Handeln ist wichtiger als Worte!
- Testen, Kontaktverfolgen und Kontaktsperren helfen am besten!

- Hygiene und Gesundheitsschutz aus der „Nebensachenecke" holen!
- Checkliste für Krisenmaterial prüfen und Lücken erkennen!
- Verzicht auf Schuldzuweisungen ist wichtiger als Fingerzeige!
- Keine Scheu vor außergewöhnlichen oder robusten Maßnahmen!
- Echte Solidarität in Notzeiten heißt abgeben!
- International und national koordiniert vorgehen!
- Einzelvorpreschen verhindern!
- Überbietungswettbewerbe in Maßnahmen vermeiden!
- Freiheit und Demokratie auch in Krisen hochhalten!
- So viel Freiheiten wie möglich, soviel Einschränkung wie nötig!
- Achtsamkeit auf Demokratieangriffe bewahren!
- Freiheit oder Sicherheit sind keine Alternativen!
- Durch zeitweilige Machtverschiebungen nicht korrumpieren lassen!
- Mehr EU wagen gegen nationale Alleingänge!
- Keine Ost-West oder Nord-Süd Spaltungen zulassen!
- Keine Ex-Importverbote für kritisches Material zulassen!
- Wiederaufbau gemeinsam über Mehrjahresbudgets schultern!

- Föderales System auf Krisenfestigkeit prüfen und mutig verändern!
- Lockerungen und Anziehen von Maßnahmen gut erklären!
- Expertenwissen ehrlich und unvoreingenommen nutzen!
- Krisenregeln immer wieder erklären, besonders den Jugendlichen!
- Natur und Nachhaltigkeit ernst nehmen!

5. Glossar

Abstand

Mindestens 1,5 m, besser 2-3 m Sicherheitsabstand, da Übertragungsgefahr durch Bioaerosole in der Atemluft besteht. Lt. belgisch-niederländischen Studien wären 4-5 m sicherer; beim Sport 10-20 m.

Alternativmedien

In der Corona-Krise unterscheiden sich alternative Medien inhaltlich und von der Produktion und Verbreitung von etablierten Sendern oder dominanten Medien. Sie bringen kritische Berichte vor allem im Internet, aber auch Audio und Video- und Printbeiträge zu unklaren Daten und widersprüchlichen Beschlüssen und Berichten..

Ausgangssperren

Verbot, die eigene Wohnung außer aus dringlichem Grund wie Arztbesuch, Einkaufen, Apotheke zu verlassen. Unterschiedlich streng gehandhabt; Italien; Frankreich, Spanien und Belgien rigoros begrenzt. In Deutschland wurde anstelle A. ein Kontaktverbot erlassen. Weltweit unterschiedlich geregelt.

Autochthone Infektion

Infektion, die von einer Person, die in einer bestimmten Gegend lebt, in dieser Region erworben wurde. Dazu gegensätzlich ist die allochthone oder "importierte" Infektion, die von einer Person, die in einer bestimmten Region lebt, außerhalb dieser, z.B. beim Reisen, erworben wurde.

Basisreproduktion

Die Basisreproduktion (Grundvermehrungsrate R_0 in der Infektionsepidemiologie) gibt an, wie viele Menschen eine infizierte Person durchschnittlich ansteckt, wenn kein Mitglied der Gruppe gegenüber dem Erreger immun ist. Aus der Basisreproduktionszahl wird die minimale Herdenimmunität für einen Herdeneffekt berechnet. Bei Covid-19 gilt R_0 1,4 bis 5,7 nach unterschiedlichen Berechnungen. Die R. ist Basis für die Berechnung der Ausbreitungsgeschwindigkeit und Dauer sowie Beendigung von Schutzmaßnahmen.

Bazooka

Aus dem Militärjargon für Panzerabwehrwaffen übernommener Begriff, den Bundesfinanzminister Olaf Scholz beim Vorstellen der großen Hilfsmaßnahmen für Unternehmen benutzte. Kleinere Hilfen verglich er mit

Handwaffen. Der Begriff stammt ursprünglich von einem posaunenähnlichen Instrument.

Corona

Nach dem Aussehen, lat. für „Kranz" oder „Krone", Coronaviren wurden schon in den 60er Jahren entdeckt, Der offizielle Name des Coronavirus ist „SARS-CoV-2"

Covid-19

Name der Lungenkrankheit, die das Coronavirus auslöst. Covid steht abgekürzt für „Corona Virus Desease" (Corona Virus Erkrankung).

Die Zahl 19 steht für das Ausbruchsjahr 2019, den Namen Covid-19 vergab die WHO. Die aktuelle Variante der Coronaviren nennt sich Sars-CoV-2 durch die Ähnlichkeit mit dem 2002/03 entdeckten Sars-Coronavirus.

Corona-Kabinett

Bezeichnung für das jeweils montags tagende verkleinerte Kabinett unter Leitung der Bundeskanzlerin, mit den Ministerinnen und Ministern der Verteidigung, der Finanzen, des Inneren, des Auswärtigen, für Gesundheit und dem Chef des Bundeskanzleramtes. Zum großen C.

werden die betreffenden Fachministerien dazu geladen.

Coronabonds

Gemeinsame Anleihen aller Euroländer, um hoch verschuldeten und von der Krise besonders betroffenen Staaten zu günstigeren Konditionen frisches Geld von Investoren zu besorgen. Wirtschaftlich starke Länder wie Deutschland, Niederlande haften mit und die Rückzahlung des Geldes erscheint den Investoren sicherer. Bonds sind Schuldverschreibungen, mit denen sich Unternehmen oder Staaten weltweit Geld leihen, das sie den Anlegern mit Zinsen zurückzahlen. Deutschland wehrt sich gegen C.

CDC

Abk. für Center for Desease Control and Prevention, ist die Seuchenschutzbehörde der USA mit Hauptsitz in Atlanta, einem Jahresbudget über 6,5 Mrd. US $ und rd.10 000 Mitarbeitern.

Desinfektion

Hauptbestandteil antiseptischer Arbeit zum Abtöten von Viren und Bakterien in allen Arbeits- und Lebensbereichen. Elementar für die Eindämmung der Corona-Epidemie.

Distanz

s. Abstand, im Engl. auch gebräuchlich für distance learning oder working, also Lernen und Arbeiten von zu Hause oder ohne physischen Kontakt.

Einreisestopp

Von Staaten erklärte Grenzschließungen, wie seitens der
USA gegenüber Europäern oder innerhalb der EU, um die Ausbreitung des Corona-Virus zu stoppen.

Epidemie

Epidemie vom griechischen: epí - über und démos - Volk Eine Epidemie bezeichnet ein überdurchschnittlich stark gehäuftes, örtlich und zeitlich begrenztes Auftreten einer ansteckenden Erkrankung.

Europa-Krise

Durch mangelnde Unterstützung der EU-Staaten zu Beginn der Corona-Krise ausgelöste nachhaltige Verstimmung zwischen den Ländern. Die Südländer, besonders Italien und Spanien, werfen Deutschland und den Niederlanden mangelnde Solidargemeinschaft vor. Rechtspopulisten nutzen einseitige Maßnahmen für antieuropäische Stimmungsmache.

Da die Gesundheitspolitik den einzelnen EU-Staaten unterliegt, fehlte ein europäisch koordiniertes Vorgehen. Der unbeendete Streit um Corona-Bonds zur Vergemeinschaftung von Schulden der EU-Staaten verschärft die Krise.

Exponentielles Wachstum

Gegenüber linearem Wachstum anfangs mit kleinen Erhöhungen, das im weiteren Verlauf wesentlich größere Werte erreichen und bis ins unbegrenzte Wachstum gehen. Bei exponentiellem Wachstum vervielfacht sich der Prozess in gleichen Zeitschritten um den denselben Faktor, so dass nach relativ harmlos aussehenden Anläufen der befürchtete steile Anstieg von Wachstumskurven erfolgt, der die vorhandenen Gesundheitssysteme kapazitätsmäßig überfordert.

FFP-Masken

FFP Masken, abgekürzt von filtering face piece, stellen partikelfilternde Atemschutzausrüstungen in drei Klassen dar. Einfacher Mund-Nasenschutz schützt andere vor Speicheltröpfchen des Trägers, aber nicht vor luftgetragenen Viren. Die Wirkung selbstgefertigter Masken ist umstritten.

FFP1 Masken filtern zusätzlich die Atemluft des Trägers von außen durch Filter und Vliesschichten.

FFP2 und FFP3-Masken bieten professionellen Schutz vor luftgetragenen Viren und sind entsprechend teuer. Teilweise stieg der Preis um das 50 fache.

Fallzahlen

Ursprünglich aus der Krankenhausstatistik des Statistischen Bundesamtes stammender Begriff, der die Patientenzu- und -abgänge ermittelt. In der Krankenhausstatistik wird zwischen einrichtungs- und fachabteilungsbezogener Fallzahl unterschieden.

In der Coronakrise werden vor allem die Zahlen für Neuinfizierte, Genesene und Gestorbene ermittelt.

Die Angaben schwanken nach Quellenlage und Aktualität, vor allem zwischen der John-Hopkins-Universität aus den USA und dem Robert-Koch-Institut in Deutschland.

Freiheitsrechte

In Rechtsstaaten garantierte Rechte des Einzelnen gegenüber dem Staat, wie Meinungsfreiheit, Glaubensfreiheit, Freiheit der Person etc. die in D. durch das Grundgesetz garantiert, aber in der C-Krise durch das ihm untergeordnete Infektionsschutzgesetz weitgehend zeitweise außer Kraft gesetzt wurden, wie z. B. das Versammlungsrecht, die Freizügigkeit oder das der Berufsausübung.

Gesundheitsschutz

Der Arbeits- und Gesundheitsschutz gehört zu den elementaren Aufgaben bei allen Tätigkeiten und im gesellschaftlichen Leben, erlangte aber durch die C-Krise neue Aufmerksamkeit.

Der G. beinhaltete bisher vor allem Maßnahmen zur Prävention arbeitsbedingter Gesundheitsstörungen und Berufskrankheiten, ist aber dringend auf Infektionsgefahren zu erweitern. Darüber hinaus sind ethische und politisch-ökonomische Diskussionen im Gange, die den Wert der Gesundheit und die marktwirtschaftliche Ausrichtung des Gesundheitswesens neu ausrichten sollen.

Helikoptergeld

Bezeichnung für von der Regierung an die Haushalte verteilte Geldgeschenke, die sprichwörtlich von oben auf die Bevölkerung abgeworfen werden. Wiederholt diskutierte Möglichkeit, um Einkommenseinbußen in einer Krise zwecks Ankurbelung des Konsums entgegenzuwirken. So beabsichtigt Japan in der jetzigen Coronakrise, allen Einwohnern des Landes einen Scheck in Höhe von etwa 100.000 Yen (850 Euro) zu schicken.

Herdenimmunität

Vom engl. Begriff „herd immunity" abgeleiteter Begriff, der epidemiologisch eine indirekte Form des Schutzes vor Infektionen bietet, wenn ein hoher Prozentsatz der Bevölkerung bereits immun geworden ist. Mittel dazu sind Infektionen oder Impfungen, sodass sich die Ausbreitungsmöglichkeiten vermindert. Daraus ergibt sich indirekt ein erhöhter Schutz auch für die nicht-immunen Personen.

Hygiene

Umgangssprachlich mit dem Begriff der Sauberkeit und Reinlichkeit gleichgesetzt umfasst die H. verschiedene Bereiche. Medizinisch geht es um die Erhaltung und Förderung der Gesundheit und ihre natürlichen und sozialen Vorbedingungen. Allgemein geht es um die Gesamtheit der Maßnahmen in den verschiedensten Bereichen zur Erhaltung und Hebung des Gesundheitsstandes und zur Verhütung und Bekämpfung von Krankheiten.

Handytracking

Aus dem Engl. Begriff für Verfolgung abgeleitet umfasst die Technik alle Bearbeitungsschritte, die der gleichzeitigen Verfolgung von Menschen bzw. Objekten dienen. In der C-Krise sollen dadurch Infizierte und ihre

Kontakte nachverfolgt werden können, um Tests und Quarantänen auslösen zu können. Davon unterschieden wird das Tracing, das eine zeitlich versetzte Verfolgung anhand von Aufzeichnungen betrifft. Im Internet dient das T. vor allem online-Marketingzwecken indem der Browserverlauf verfolgt wird.

Die Nutzung von Tracking Apps soll freiwillig erfolgen, ist jedoch schon jederzeit möglich.

Home-Office

Der engl. Begriff für Heimarbeit bedeutet, dass man von zuhause arbeitet. In C-Zeiten bieten viele Arbeitgeber ihren Mitarbeitern an, einen Teil oder alle Aufgaben von Zuhause aus per Computer und Internet zu erledigen, wenn Regeln bezüglich Arbeitszeit und Erreichbarkeit eingehalten werden. Wichtig ist Datenschutz, um im Home-Office vertrauliche Dokumente empfangen und bearbeiten zu können sowie der Einsatz analoger Hard- und Software am Heimarbeitsplatz. H. bereitet vielen Beschäftigten oft vom Management unterschätzten Stress.

Intensivstation

Spezielle Krankenhausstation zur Betreuung akut lebensgefährlich erkrankter Personen (z. B. bei Herzinfarkt, Schlaganfall) unter Anwendung bestimmter lebenserhaltender Sofortmaßnahmen und mit ständiger ärztlicher Überwachung, in der C-Krise unbedingt mit Beatmungstechnik.

Infektion

Ansteckung durch eingedrungene Krankheitserreger, die eine lokale oder allgemeine Störung des Organismus zur Folge hat, im C-Fall besonders die Lunge betreffend.

Immunsystem

Für die Immunität, also die Unempfänglichkeit für Krankheitserreger oder deren Gifte verantwortliches System der Abwehr von Krankheitserregern oder deren Giften.

Kontaktsperre

Aus dem Justizvollzug auf die C-Pandemie übernommener Begriff für alle Maßnahmen, dass sich das C-Virus langsamer verbreitet. Man soll zu Hause bleiben und darf die Wohnung nur verlassen, um dringliche Einkäufe, Arztbesuche etc. zu erledigen.

Lastenausgleich

Der Begriff stammt aus dem 1952 in der damaligen BRD eingeführten

Lastenausgleichsgesetz, mit der Kriegsschäden ausgeglichen werden sollten. In der C-Krise vorweggenommene Diskussion um die Verteilung der immensen Kosten der global bisher größten Krise.

Location-tracking

LT ist eine Nachverfolgungstechnik, die detaillierte Informationen über den momentanen geografischen Ort von Personen, Waren, Behältern und Geräten zur Verfügung stellt und die Bewegung der Objekte verfolgt. Es ist eine Positionsbestimmung, die Positionsänderungen erkennt und registriert.

Lockdown

Stilllegung von Wirtschaft und Gesellschaft, die eine temporäre staatlich-verordnete und durchgesetzte Einschränkung des öffentlichen Lebens darstellt, um eine Epidemie oder Pandemie einzudämmen.

Letalitätsraten

Vom lat. Letum (Tod) abgeleitete Aussage zur Tödlichkeit einer Krankheit oder Verletzung. Dabei wird die Anzahl der bereits an einer Krankheit Verstorbenen zur Anzahl neuer Erkrankungen in Relation gesetzt.

NHS

National Health Service (Staatlicher Nationaler Gesundheitsdienst) Großbritanniens, der in der sich rasch ausbreitenden Coronakrise an die Grenzen seiner Leistungsfähigkeit gestoßen ist. Das wird als Folge der starken Mittelkürzungen für das britische Gesundheitswesen in den letzten Jahren gesehen.

Mundschutz

Siehe Masken, auch die Diskussion zur Pflicht, M. im ÖPNV oder beim Einkaufen zu tragen.

Niesetikette

Hygieneempfehlung, beim Niesen besser die Ellenbeuge als die Hand vor das Gesicht zu nehmen, da die C-Viren sich vor allem durch Tröpfcheninfektion verbreiten.

Notstand

Im verfassungsrechtlichen Sinne eine gefährliche Situation, die durch schnelles Handeln vor allem staatlicherseits wirken soll, um Leben zu retten oder äußere Gefahren abzuwenden.

Der N. wurde in der C-Krise vor allem in Ungarn und Polen benutzt, um die Vollmachten der Regierenden umfassend zu erweitern.

Öffnung

Diskussion um alle Maßnahmen, die der Wiederherstellung von Normalität in allen Lebensbereichen dienen soll. Die Rang- und Reihenfolge der Einzelmaßnahmen von der Wiedereröffnung des Handels bis zu Schulen und Sport- oder Kultureinrichtungen ist umstritten.

Pandemie

Weltweite Epidemie oder sich global ausbreitende Seuche. P. breiten sich schnell, „von Mensch zu Mensch" aus. Das Immunsystem ist nicht vorbereitet und daher auch nicht geschützt. Die Influenza-Pandemien des vergangenen Jahrhunderts gingen mit Erkrankungs- und Sterberaten einher, die übliche, auch schwere, Influenzawellen übertrafen. Durch die hohe Zahl von Erkrankten in einem begrenzten Zeitraum wird das Gesundheitssystem eines Staates überlastet.

Pandemismus

Neue Gesellschaftsform, die von Pandemiegefahren und Streben nach Gesundheit für alle Menschen bestimmt wird und nicht allein von marktwirtschaftlichen Prinzipien und vom Kapital wie im Kapitalismus. Der Pandemismus ist noch weitgehend unerforscht und begrifflich neu von den Autoren eingeführt.

Prävention

Vom lat. praevenire - zuvorkommen Als Prävention bezeichnet man jede Maßnahme, die eine Beeinträchtigung der Gesundheit (Krankheit, Verletzung) verhindert sprichwörtlich: „Vorbeugen ist besser als heilen."

Quarantäne

Vorübergehende Isolierung von Personen, die von einer ansteckenden Krankheit befallen sind oder bei denen Verdacht darauf besteht. Schutzmaßnahme gegen eine Verbreitung von C. und anderen Infektionskrankheiten. Die Q. ist eine zum Schutz der Gesellschaft befristete, behördlich angeordnete Isolierung von Menschen, aber auch Tieren oder Pflanzen. Beim aktuellen Coronavirus gilt in der Regel eine 14 tägige Q.

RKI

Robert–Koch-Institut, zentrale Einrichtung der Bundesregierung auf dem Gebiet der Krankheitsüberwachung und –prävention. Als Einrichtung der öffentlichen Gesundheitspflege hat es die Gesundheit der Bevölkerung im Fokus und ist zugleich zentrale Forschungseinrichtung sowie Berater der Regierung, maßgeblich beteiligt an den im Rahmen der C-Krise verordneten Maßnahmen und für die Bekanntgabe der C-Fallzahlen.

Das RKI hat ca. 1300 Mitarbeiter und ein Budget von ca. 1,3 Mrd. Euro.

Recovery-Bonds

Vom Europaparlament im April im Kampf gegen die Corona-Krise eingeführter Begriff vom engl. Recovery (Wiederherstellung) für europäische Anleihen, die durch den EU-Haushalt abgesichert sind. Damit sollen künftige Investitionen finanziert werden, aber nicht die bestehenden Schulden vergemeinschaftet werden, wie durch Eurobonds oder C-bonds.

Rezession

Abschwung der Wirtschaft mit stark negativen Zahlen auf allen Gebieten des wirtschaftlichen Lebens, in der Regel dann eintretend, wenn das Wachstum in mindestens zwei Quartalen nach unten geht. In der C-Krise wird mit mindestens 6,8 Prozent Rückgang der gesamtwirtschaftlichen Leistung gerechnet.

Schuldenmoratorium

Stundung des Schuldendienstes insbesondere für die ärmsten Entwicklungsländer, die von der Coronakrise besonders betroffen sind. Sowohl die sieben größten Industrieländer (G 7) wie auch die G-20-Länder haben einem entsprechenden Moratorium zugestimmt. Die Stundung betrifft bilaterale Kredite, die die 76 ärmsten Staaten, vor allem in Afrika, bei den reicheren Ländern haben.

Shutdown

Das Herunterfahren (engl. shutdown) aller wirtschaftlichen und gesellschaftlichen Aktivitäten auf Lebensnotwendiges dient der Reduktion der Ansteckungsgefahr im Interesse der Gesundheit. In den einzelnen EU-Staaten und im Ausland wurde der shutdown mit unterschiedlicher Konsequenz durch Verordnungen mit Ausbreitung der Pandemie durchgesetzt.

Ursprünglich kommt der Begriff vom Herunterfahren eines Computers, betraf speziell in den USA auch das Herunterfahren der Regierungsaktivitäten ohne gültigen Staatshaushalt und wurde in der C-Krise zum Synonym für die Stilllegung des öffentlichen Lebens im Sinne einer Massenquarantäne oder Ausgangsperre.

Staatswirtschaft

Aus China bekannte Form starker Einmischung und Beteiligung des Staates an Unternehmen, Im Unterschied zur Marktwirtschaft werden in der Staatswirtschaft die Entscheidungen über den Einsatz knapper Güter nicht von privaten, sondern von staatlichen Stellen getroffen, d.h. nicht marktorientierte Bedürfnisbefriedigung unter Einsatz hoheitlicher Gewalt.

In der C-Krise wird der Begriff auch auf Staatsbeteiligungen an bisher privaten Unternehmen, wie evtl. bei der Lufthansa AG angewandt und ein wachsender Einfluss staatlicher Entscheidungen auf privatwirtschaftliche Unternehmen erwartet, z.B. für den Verkauf von Unternehmen und zu internationalen Beteiligungen. Der Begriff der Staatswirtschaft aus finanzwirtschaftlicher Sicht ist in den Hintergrund getreten.

Solidargemeinschaft

Der Begriff aus der Sozialversicherung wurde in der C-Krise auf die EU ausgedehnt. Das Solidaritätsprinzip soll erweitert werden als grundlegendes Prinzip. Dies bedeutet, dass ein EU-Land nicht allein für sich verantwortlich ist, sondern sich die Mitglieder der EU einer definierten Solidargemeinschaft gegenseitig Hilfe und Unterstützung gewähren, insbesondere aus finanzwirtschaftlicher Sicht, wie z.B. durch C-bonds.

Social distancing

Siehe Abstand, Distanz. Der Begriff ist missverständlich, weil es nicht um soziale Distanzierung, sondern körperliche Distanz (body distancing) geht.

Systemrelevanz

Der aus der Finanzwirtschaft stammende Begriff wurde vor der C-Krise nur für Unternehmen oder Berufe verwandt, die eine so bedeutende volkswirtschaftliche oder infrastrukturelle Rolle im Staat spielen, dass ihre Insolvenz nicht hingenommen werden kann oder ihre Dienstleistung besonders geschützt werden muss. Im Rahmen der C-Krise wurden zahlreiche neue Berufe als systemrelevant erklärt, die vor allem in Pandemiezeiten zur Krankenversorgung, der Versorgung der Bevölkerung und damit verbundene Dienstleistungen vom Lebensmittelhandel bis zur Müllabfuhr notwendig sind. Eine Neudefinition der Systemrelevanz steht aus.

Tests

Der Nachweis für SARS-CoV-2 erfolgt durch Abstriche aus dem Mund-, Nasen- oder Rachenraum. In Laboren wird das virale Erbgut durch einen empfindlichen molekularen Test nachgewiesen. Der vollständige engl. Name des Tests lautet "Real-Time Reverse Transkriptase Polymerase-Kettenreaktion" (RT-PCR). Das genetische Material der Probe wird in mehreren Zyklen vervielfältigt. Durch den Einsatz fluoreszierender Stoffe wird sichtbar gemacht, ob die gesuchten Gensequenzen des Virus vorliegen oder nicht.

Die Erhöhung der Testkapazität gilt als ein Schlüssel zur Eindämmung der Pandemie.

Triage

Frz. Begriff für „Sortieren, Aussondern" aus der Militärmedizin zur Selektierung von Verwundeten nach der Schwere ihrer Verletzung und den Überlebenschancen, um abgestuft die Operationen durchzuführen und Verwundete zu versorgen. Im Rahmen der C-Krise übernommener Begriff, um zu entscheiden, wer in Intensivstationen behandelt werden soll bei nicht ausreichenden Kapazitäten der Intensivmedizin.

Übertragung

Siehe Infektion, die Übertragung oder Verbreitung des C-Virus ist bisher nicht genau geklärt. Über Tröpfcheninfektion durch Atmen, Husten, Niesen gilt auch Schmierinfektion (Türklinken, Einkaufswagen) als ein möglicher Übertragungsweg. Unklar ist die Übertragung durch Wasser oder andere Eintrittspforten für Erreger.

Überwachung

In C-Zeiten vielfältige Formen zur Kontrolle der Einhaltung von Regeln des Pandemismus, angefangen vom Einhalten der Quarantäne zu Hause bis zu den Abstandsregeln im Alltag. Neben elektronischen Systemen werden auch Drohnen und andere High-Tech-Methoden eingesetzt.

Vakzin

Vom lat. Vaccinus (von Kühen stammend) ist ein Impfstoff aus lebenden oder abgetöteten Krankheitserregern. Das Antigen kann als Impfstoff von einem einzigen Erreger stammen oder verschiedenen. Der Impfstoff dient zur Aktivierung des Immunsystems. Im Fall des C-Virus fehlt bisher ein hinreichend getestetes Vakzin.

Verschwörungstheorien

Versuche, sozialpolitische Phänomene wie den C-Virus dadurch zu erklären, dass bestimmte Gruppen oder einzelne Mächtige am Eintreten des umstrittenen Ereignisses interessiert sind und konspirativ tätig wurden. Im Corona-Fall besonders die Diskussion um eine außer Kontrolle geratene neue Bio-Waffe.

Viren

Viruskrankheiten verunsichern die Menschen. Die Viren sind darauf programmiert, ihr Erbgut in andere Zellen einzuschleusen, um sich so zu vermehren. Schafft der Körper es, die Eindringlinge abzuwehren, suchen die Erreger nach neuen Wegen, einen Wirt zu befallen. Sie mutieren und verändern sich stetig – der Körper kann darauf nur reagieren, indem er neue Abwehrmechanismen entwickelt, wobei die Viren immer einen Schritt voraus sind.

Virologen

Virologen erforschen und klassifizieren Viren, deren Eigenschaften und Vermehrung sowie die Prävention und Behandlung von Virusinfektionen.
Sie haben durch die Regierungsberatung wichtigen Einfluss auf die staatlichen Regeln in der Pandemie erhalten.

WHO

Abk. für World Health Organization (Weltgesundheitsorganisation).
Die WHO ist die Koordinationsbehörde der Vereinten Nationen für das internationale öffentliche Gesundheitswesen. Als Sonderorganisation der UNO sitzt sie in Genf. Sie zählt 194 Mitgliedsstaaten und wird mit Beiträgen und Spenden finanziert. (ca. 5,6 Mrd. US-$). Die WHO geriet in der C-Pandemie in die Kritik, weil zu spät und zu chinafreundlich agiert worden sei.

Wuhan

Wuhan ist für chinesische Verhältnisse eine Unterprovinzstadt, liegt in der zentralchinesischen Provinz Hubei, hat über 11 Mio Einwohner und ist Handelszentrum am Jangtse- und Han-Fluss. Bis zum Ausbruch der C-Epidemie war W. weltweit kaum bekannt. Als Ursprungsort der Weltkrise ist W. um seinen neuen Ruf als „Seuchenstadt" besorgt.

Wiedereröffnung

Diskussion um das Wiederhochfahren der industriellen Aktivitäten, des Handels und aller Dienstleistungen sowie Kindergärten und Schulen inklusive des gesamten gesellschaftlichen Lebens. Es gibt deutschlandweit Vorgaben, aber keine verbindlichen Regelungen, ähnlich wie in der EU.

Youtube

YT. ist ein 2005 gegründetes Videoportal in den USA und seit 2006 eine Tochtergesellschaft von Google LLC, mit Sitz im kalifornischen San Bruno. Die Benutzer (Youtuber) können auf dem Portal kostenlos Videoclips ansehen, kommentieren und hochladen. YT. spielt eine wichtige Rolle beim viralen Verbreiten von Nachrichten und Meinungen, die nicht verifiziert oder von seriösen Quellen stammen.

Xenophobie

Vom griechischen Xenos für Fremder abgeleiteter Begriff der Fremdenangst und-feindlichkeit. X. widerspiegelt Haltungen, die Menschen aus anderen Kulturkreisen, Völkern und Regionen ablehnen und oft für negative Entwicklungen verantwortlich machen, wie Pandemien. Ablehnung und Hass gründen auf religiösen, ökonomischen, kulturell-sozialen sowie sprachlichen Unterschieden. Asiatisch aussehende Menschen erfahren X. im Rahmen der C-Pandemie in besonderem Maße.

Zoonosen

Sammelbezeichnung für Infektionskrankheiten, die sowohl bei Tieren als auch Menschen vorkommen. Sie können vom Tier auf den Menschen und umgekehrt übertragen werden. Die ursprüngliche Ansteckung mit dem C-Virus soll auf einem Tiermarkt in Wuhan zurückgehen. Inzwischen gibt es viele Verschwörungstheorien über den Krankheitsursprung.

Die Autoren

Prof. Dr. Wolf D. Hartmann,

internationale Innovations- und Umweltberatung, Wirtschaftsingenieurstudium an der TU Dresden, Promotion in Berlin und Habilitation an der TU Dresden. Hochschullehrer in Berlin, Bochum, Witten/Herdecke, Cottbus, Iserlohn sowie in Osteuropa und Zentralasien. Autor zahlreicher wissenschaftlicher, populärer und literarischer Publikationen, u.a. zur Managementkritik und nachhaltigen Innovationen. (www.wolf-d-hartmnn.de) Mitglied der EUROPEAN ACADEMY of Sciences and Arts.

Prof. Dr. Walter Stock, Internationale

Wirtschafts- und Politikberatung. Studium der Wirtschaftswissenschaften in Berlin. Nach Promotion in Berlin sowie Habilitation an der TU Dresden Hochschullehrer in Berlin, Potsdam. Umfangreiche Beratungstätigkeit für Bundes- und Landesministerien, insbesondere für

Bundesfinanzministerium und Bundesministerium für Wirtschaftliche Zusammenarbeit. Breite Expertise in Fragen internationaler Wirtschafts- und Währungsentwicklungen, von EU-Integration und – Außenbeziehungen sowie zur Systemtransformation in Mittel- und Osteuropa, besonders Russland.

Prof. Dr. Run Wang, Hochschullehrer, Studium  der Wirtschaftsgeografie an der Northwestern Universität in Xian, China. Promotion mit Unterstützung des DAAD an der Universität Gießen. Deutschland. Als Forschungsteamleiter und in leitender Position an einem Institut der Chinesischen Akademie der Wissenschaften in Xiamen tätig sowie an der Hubei Universität in Wuhan, China.

Zuletzt erschienen als Gemeinschaftspublikationen gemeinsam mit Wolfgang Maennig von der Universität Hamburg:

Chinas neue Seidenstraße Kooperation statt Isolation-Der Rollentausch im Welthandel, (unter Mitarbeit von Nikolaus Egel) Frankfurter Allgemeine Buch, Frankfurt/Main 2017

Im Bann des Drachens- Das westliche Ringen mit dem Aufstieg Chinas, Frankfurter Allgemeine Buch, Frankfurt Main 2018

6. Quellenverzeichnis

[1] https://www.deutschlandfunk.de/forschung-aktuell.675.de.html, Aufruf vom 2.4.2020, Beitrag von Volkart Wildermuth zur Suche nach dem Wirkstoff zum nächsten Coronavirus.

[2] https://www.tagesschau.de/ausland/li-keqiang-wuhan-coronavirus-lungenkrankheit-korri-101.html,, Wut und anonyme Kritik, Aufruf vom 3. 4. 2020.

[3] https://hub.jhu.edu/novel-coronavirus-information/Tägliches update der weltweiten Fallzahlen.

[4] https://www.rki.de/DE/Content/Gesundheits-monitoring/gesundheitsmonitoring_ node.html, Aufruf vom 31.3.2020

[5] https://www.aerzteblatt.de/nachrichten/110739/RKI-bewertet-Gefahr-durch-SARS-CoV-2-seit-heute-als-maessig, Aufruf vom 31.3.2020

[6] https://www.tagesspiegel.de/politik/parlament-gibt-kontrolle-aus-der-hand-die-regierung-ermaechtigt-sich-in-der-corona-krise-selbst-zulaessig-ist-das-nicht/25701884.html

[7] Vgl. Reisach,U. Das Gesundheitswesen in China, Strukturen, Akteure, Praxistipps, Medizinische Wissenschaftliche Verlagsgesellschaft Berlin 2017

[8] https://www.who.int/healthpromotion/conferences/9gchp/healthy-china/en/ Aufruf vom 3.4.2020

[9] http://german.china.org.cn/txt/2020-03/10/content_75797216.htm, Aufruf vom 2.4.2020

[10] https://www.tagesanzeiger.ch/wissen/coronavirus/lob-fuer-chinas-kompromisslose-und-rigorose-reaktion/story/27720340, Aufruf vom 3.4.2020

[11] Bartz, T. ;Sauga, M., Traufetter, G. Systemfrage Kapitalismus, in, DER SPIEGEL Nr. 14/28.3.2020, S. 74

[12] Vgl. Hartmann, W.D., Maennig,W. , Wang, R.,
Chinas Neue Seidenstraße, FAZ-Buchverlag, Frankfurt
/Main 2017

[13] http://www.beldandroadforum.org.english/n
100/2017/0410/c22-45.html., Aufruf vom 4.4.2020

[14] https://www.who.int/dg/speeches/2017/health-silk-
rod/en/, Aufruf vom 4.4.2020..

[15] https://www.wienerzeitung.at/meinung/gastkom-
mentare/2055889-Die-neue-Seidenstrasse-der-
Gesundheit-fuehrt-von-Peking-nach-Rom.html, Aufruf
vom 4.4.2020.

[16] https://www.tagesspiegel.de/wissen/coronavirus-
erfolgreich-bekaempft-wie-taiwan-den-covid-19-
ausbruch-verhinderte-und-die-who-davon-nichts-
wissen-will/25613942.html, Aufruf vom 10.4.2020

[17] https://www.itwissen.info/Location-Tracking-
location-tracking.html, Aufruf vom 7.4.2020.

[18] https://www.cdc.go.kr/cdc_eng/, Aufruf vom 7.4.
2020.

[19] Ein Land wird getestet, in :DER SPIEGEL.
Nr.15,/4.4.2020, S86.

[20] https://www.tagesspiegel.de/wissen/katastrophales-
krisenmanagement-wie-die-diamond-princess-zur-
todesfalle-wurde/25678546.html, Aufruf vom 5.4.2020.

[21] https://www.tagesschau.de/ausland/corona-japan-
101.html, Aufruf vom 8.4.2020.

[22] https://www.faz.net/aktuell/politik/ausland/kampf-
gegen-corona-japan-vor-dem-notstand-16713895.html,
Aufruf vom 8.4.2020.

[23] https://www.news.at/a/zehn-verbote-singapur-
8258384, Aufruf vom 8.4.2020.

[24] https://netzpolitik.org/2020/apple-und-google-
schaffen-globalen-standard/Aufruf vom 10.4.2020.

[25] https://www.zeit.de/politik/ausland/2020-04/coronavirus-epidemie-singapur-krise-abriegelung. Aufruf vom 10.4.2020.

[26] Der deutsche Sinologe, Wolfgang Kubin, hat da eine „deutsche Überheblichkeit" bei der Kommentierung der Pandemie ausgemacht, eine „Hybris" des Antikommunismus, hinter dem sich nationale Abstiegsangst verberge..., vgl. Frankfurter Allgemeine Zeitung, 8. April 2020, S. 11

[27] Der deutsche Lungenfacharzt, Thomas Voshaar, aus Moers äußerte sich dazu: "Was wir wussten, war..., dass es beim rheinischen Karneval virologisch knallen würde. Es ist wissenschaftlich untersucht, dass die Grippewelle während des Karnevals aus dem Rheinland wenig später in andere Bundesländer schwappt. Der Karneval fördert die Verbreitung eines Virus ideal und kolossal. In diesem Jahr hätte man ihn, nach den Warnungen aus China, besser abgesagt." Frankfurter Allgemeine Zeitung, 7. April 2020, S.7

[28] Vgl. Nationaler Pandemieplan des Robert-Koch-Instituts; Berlin, aus dem Jahre 2017

[29] Vgl. dazu A. Kekule, Coronavirus: Wege aus dem Lockdown, ZeitOnline, 26. März 2020

[30] FAZ, 6. April 2020

[31] Hier sind auch die Ressourcen für eine ausreichende Testkapazität und die davon wesentlich abhängige Teststrategie zu rechnen, die die unerlässlichen Daten über die Ausbreitung des Virus in der Bevölkerung liefern muss.

[32] Dabei sind auch die offen zutage tretenden sozialen Schieflagen in verschiedenen Gesundheitssystemen nicht zu übersehen, die etwa im Falle Frankreichs zu einer überproportionalen Häufung von Krankheitsfällen in den Armenvierteln der Banlieu um Paris führt. Vgl.

Macrons Bad in der Menge, Frankfurter Allgemeine
Zeitung, 9. April 2020, S.6

[33] A. Deaton, Ein freier Markt garantiert keine
Gesundheitsversorgung, ZEIT ONLINE.html, Aufruf
vom 7. April 2020

[34] https://www.nytimes.com/2020/04/04/world/europe/
germany-coronavirus-death-rate.html, Aufruf vom 10.4.
2020.

[35] Die Stunde der Kleinen, Frankfurter Allgemeine
Zeitung, 6. April 2020, S. 3

[36] Ebenda

[37] Angst vor dem Zusammenbruch, Frankfurter
Allgemeine Zeitung, 30. März 2020, S.2

[38] Thesenpapier zur Pandemie durch SARS-CoV-
2/Covid-19, Datenbasis verbessern, Prävention gezielt
weiterentwickeln, Bürgerrechte wahren, Köln, Berlin,
Hamburg, Bremen, 5. April 2020

[39] Vgl. Th. Breton, P. Gentiloni, Wir brauchen eine
vierte Säule, Frankfurter Allgemeine Zeitung, 6. April
2020, S. 20

[40] Vgl. auch die Stellungnahme des Franco-German
Councel of Economic Experts, A coordinated COVID
response, April 6, 2020

[41] Enttäuscht von Europa, Frankfurter Allgemeine
Zeitung, 6. April 2020, S. 2

[42] FAZ, 3. April 2020, S. 5

[43] https://www.zeit.de/politik/ausland/2020-03/new-
york-corona-epidemie-donald-trump-andrew-cuomo

[44] FAZ, 11. April 2020, S. 13

[45] Vgl. „Isolationsauflagen: Moskaus Behörden zeigen
kein Erbarmen", Moskauer Deutsche Zeitung, Moskau,
13. April 2020

[46] Vgl. „Kreml anerkannte niedrige Effektivität der Unterstützung der Wirtschaft und der Bevölkerung", Wedomosti, Moskau, 17. April 2020 (russ.)

[47] Vgl. „Kampf mit dem Corona-Virus und seinen Folgen wird das Budget in Höhe von 2,8 Prozent des BIP belasten", Kommersant, Moskau, 17.April 2020 (russ.). Unabhängige Ökonomen halten dagegen Aufwendungen in Höhe von 5 10 Prozent des BIP für erforderlich.

[48] Vgl. dazu „Milliardenvolk muss zu Hause bleiben", Frankfurter Allgemeine Zeitung, 15. April 2020, S. 16

[49] Vgl. „Entwicklungsländern droht Tragödie", Frankfurter Allgemeine Zeitung, 6. April 2020, S. 17

[50] „How the IMF Can Help Countries Address the Economic Impact of Coronavirus, IMF, Washington, D. C., March 9, 2020; IMFC Urges Use of All Policy Tools to Defeat the Pandemic, IMF, Washington, D. C. April 16, 2020

[51] „Nur ein Sieg in Afrika werde die Pandemie überall beenden", in: Frankfurter Allgemeine Zeitung, 16. April 2020, S. 16

[52] J. Schellnhuber, Die Seuche im Anthropozän, Frankfurter Allgemeine Zeitung, 16. April 2020, S. 9

[53] Dabei enthielt der „Report of the WHO-China Joint Mission on Coronavirus Disease 2019 (COVID – 19) vom 16 – 24 Februar 2020 eigentlich schon alle nötigen Hinweise für die internationale Gemeinschaft hinsichtlich der Ernsthaftigkeit der Krankheit und der Vorbereitung von Abwehrmaßnahmen.

[54] Vgl. dazu die Stellungnahme von Ökonomen führender wirtschaftswissenschaftlicher Institute Deutschlands in P. Bofinger u. a., Wirtschaftliche Implikationen der Corona-Krise und wirtschaftspolitische Maßnahmen, 10.03.2020

[55] Vgl. eine Gruppe von Wissenschaftlern unter Leitung von C. Fuest, M. Lohse, Die Bekämpfung der Coronavirus-Pandemie tragfähig gestalten. Empfehlungen für eine flexible, risikoadaptierte Strategie, 2. April 2020

[56] Vgl. zu diesbezüglichen organisatorischen Problemen der Gesundheitsämter in: Frankfurter Allgemeine Zeitung, 17. April, 2020, S.4

[57] Diesen Zwängen sah sich wohl auch die Expertengruppe der Nationalen Akademie der Wissenschaften, Leopoldina, ausgesetzt, die einen entsprechenden Report an die Bundesregierung erarbeitete, https:// www.spiegel.de/wissenschaft/leopoldina-forscher-legen-konkreten-fahrplan-fuer-ende-der-kontaktsperren-vor.html, Aufruf 13.04.2020

[58] Ebenda.

[59] Darauf verweist auch eine Stellungnahme der Helmholtz-Initiative „Systemische Epidemiologische Analyse der COVID-19-Epidemie", 13.04.2020, die in einer erweiterten Teststrategie in Verbindung mit Kontakt-Tracing eine wichtige Voraussetzung für eine wirksame Exit-Strategie sieht, ebenda, S. 5

NOTIZEN